나는 동화책을 좋아하며
문장을 바르게 쓰는

______________ 입니다.

지음 김여진

서울의 초등학교에서 아이들을 가르치며 '좋아서하는어린이책연구회' 운영진으로 매달 어린이책 애호가들과 깊이 교류하고 있습니다. 《그림책 한 문장 따라 쓰기 100》, 《어서 오세요, 남산 호텔로!》, 《학교 가기 전날》, 《소녀들에게는 사생활이 필요해》를 썼고 《나는 ( ) 사람이에요》, 《집 안에 무슨 일이?》, 《바다, 어디까지 내려가 봤니?》, 《선생님을 만나서》, 《엄청나게 커다란 소원》 등을 번역했습니다. 창작이 일상을 지탱하는 힘이라고 믿습니다.

인스타그램 @zorba_the_green

그림 김씨씨

일상 속 귀엽고 사랑스러운 순간을 담은 그림을 그립니다. 책, 패키지 등 다양한 분야에서 그림 작업을 하고 있습니다.

인스타그램 @kim_c_c

◆ 매일 10분 또박또박 따라 쓰며 어휘력 쑥쑥 ◆

동화책 한 문장 따라 쓰기 100

김여진 지음

SIGONGJUNIOR

머리말

제가 교사가 되어 처음 교실에 들어섰을 때만 해도 저는 하나만 알고 둘은 몰랐습니다. 어린이들의 삶에 깊이 관여하게 되리라는 것, 그들의 몸과 마음이 자라는 걸 가장 가까운 곳에서 목격하고 때론 좌절하고, 자주 환호하게 될 것을 알았지요. 하지만 어린이보다 어린이책을 더 좋아하는 어른이 될 줄은 몰랐습니다. 이렇게 오래도록 깊이, 또 많이 읽는 존재가 될 줄은 정말이지 몰랐지요. 제가 가르쳤던 어린이들이 어른이 되고 나서도, 저는 계속 또 다른 어린이들 곁에서 어린이책을 찾아 읽는 그런 사람이 되었습니다.

"책을 읽으면서 모르는 낱말이 나올 때는 어떻게 해요?"

책을 어마어마하게 좋아하는 어린이였던 저는 모르는 낱말이 나올 때마다 가슴이 답답해지곤 했어요. 사전을 찾을 줄은 알았지만, 낱말 뜻을 찾으려고 하니 한창 흥겹게 이야기를 읽던 중에 김이 팍 새는 기분이었거든요. 그래서 모르는 낱말이 나와도 계속 책을 읽었더니 의외로 이 어려움은 쉽게 해결되었습니다. 알고 보니 동화책이야말로 살아 움직이는 국어사전이었어요. 이야기의 문맥 속에서 낯선 낱말들을 만났고, 다른 책에서 그 낱말들을 다시 만나면 어찌나 반갑던지요. 그저 뒷이야기가 궁금해 책장을 서둘러 넘기면서, 저도 모르게 아주 솜씨 좋은 낱말 사냥꾼이 되어 있었던 거예요.

수백 권에 달하는 시공주니어 동화 중에서 어린이들에게 꼭 필요한 도덕적 가치와 덕목, 타인과의 공존, 모험과 도전, 세상을 향한 발걸음을 골고루 담은 100권을

정성스레 골랐습니다. 그리고 동화의 주제 키워드를 선별하여 관계와 마음, 정체성과 성장, 이웃과 공동체, 용기와 모험, 상상력과 웃음의 다섯 개 챕터로 묶었습니다. 《그림책 한 문장 따라 쓰기 100》을 통해 비교적 단순하고 기본적인 필수 어휘를 익힌 어린이들이 《동화책 한 문장 따라 쓰기 100》에서는 조금 더 나아가 동화책 속에 열매처럼 알알이 맺혀 있는 어휘들을 배워 갈 수 있도록 했지요.

한 권의 동화책에서 한 개의 어휘를 배웁니다. 어린이들이 행동을 나타내는 말(동사), 상태를 나타내는 말(형용사), 다른 말을 꾸미는 말(부사)과 생활에서 많이 사용되는 한자어를 골고루 접할 수 있게 엄선했습니다. 교과서를 비롯한 어린이책에서 자주 사용되는 필수 어휘들을 동화책 속 아름다운 문장을 따라 쓰며 자연스레 익히는 귀중한 경험을 할 수 있습니다. 처음엔 정확한 발음을 들으며 소리 내어 읽은 다음, 문장을 따라 쓰고, 마지막에는 해당 낱말을 넣어 나만의 문장을 써 봅니다.

이 낱말들을 한 번에 다 외울 필요는 없어요. 억지로 외우려고 하지 않아도 어느 순간 나도 모르게 내 고유의 낱말들이 되어 있을 테니까요. 새로운 이야기책에 풍덩 빠지세요. 튜브를 끼고 물에 몸을 맡기듯 둥실둥실 책 속의 문장에 몸을 실어요. 매일 한 문장씩 소리 내어 읽고, 또박또박 따라 적어 보세요. 그날 배운 낱말을 넣어 내 일상을 담은 나만의 문장이 넘실대는 꽉 찬 하루를 만들어 보아요.

김여진(좋아서하는어린이책연구회 운영진, 어린이책 번역가, 동화 작가, 초등 교사)

이 책의 활용법

동화책 100 문장 음원 듣기

• QR 코드를 스캔하여 음원을 듣고 따라 말해 보세요. 발음을 익히거나, 받아쓰기 연습을 할 수 있어요.

• 공부한 날짜를 적어 학습 일정을 계획해 보세요.

① 하루에 한 단어, 한 권에 한 문장

먼저 동화책 속 낱말과 문장을 따라 읽고
낱말의 뜻을 살펴보세요. 장마다 쉬운 낱말부터
어려운 낱말까지 다양한 낱말을 익힐 수 있어요.

② 다양한 예문으로 어휘력을 길러요.

낱말이 들어간 여러 예시 문장을 읽어 보세요.
문장 속에서 낱말이 어떻게 쓰이는지 알아야
어휘력이 높아져요.

③ 문장을 읽고 바른 글씨로 따라 써요.

낱말의 뜻을 생각하며 문장을 소리 내어 읽고,
칸에 맞추어 바른 글씨로 따라 쓰세요.
여러 번 쓰면서 글씨 연습을 해도 좋아요.

④ 나만의 문장을 만들며 응용력을 높여요.

낱말을 사용해 직접 문장을 만들어요. 글쓰기의
기초인 문장력을 탄탄하게 다져 보세요.

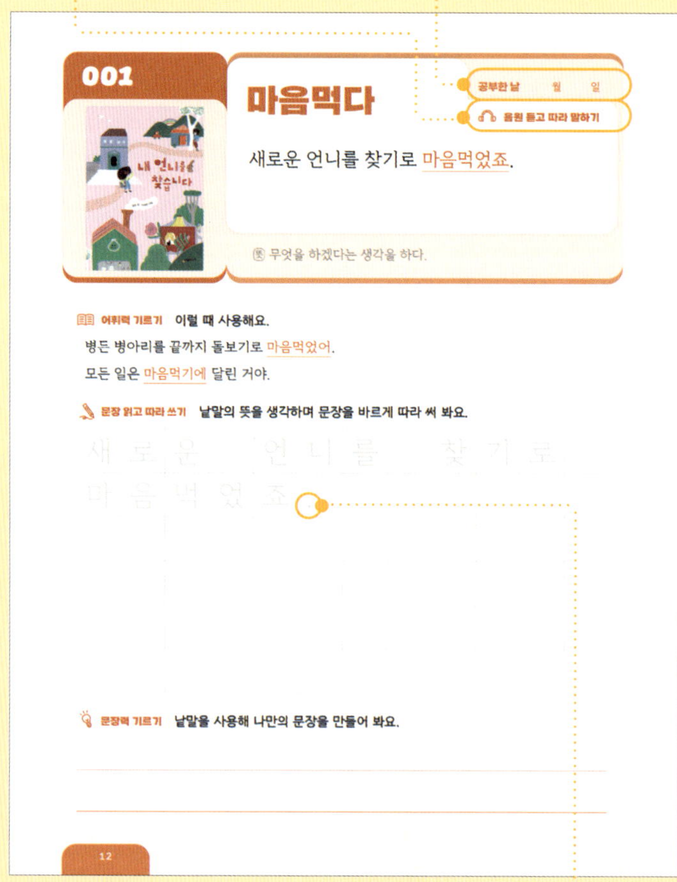
001
마음먹다
공부한 날 월 일
음원 듣고 따라 말하기
새로운 언니를 찾기로 마음먹었죠.
뜻 무엇을 하겠다는 생각을 하다.
어휘력 기르기 이럴 때 사용해요.
병든 병아리를 끝까지 돌보기로 마음먹었어.
모든 일은 마음먹기에 달린 거야.
문장 읽고 따라 쓰기 낱말의 뜻을 생각하며 문장을 바르게 따라 써 봐요.
새로운 언니를 찾기로 마음먹었죠.
문장력 기르기 낱말을 사용해 나만의 문장을 만들어 봐요.
12

• 문장 부호, 띄어쓰기, 맞춤법 등 올바른 원고지 작성법을 익혀요.

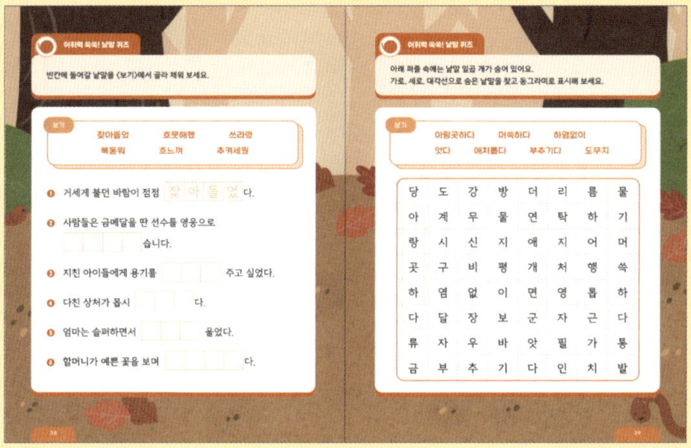

어휘력 쑥쑥! 낱말 퀴즈

빈칸에 들어갈 낱말을 〈보기〉에서 골라 채워 보세요.

보기: 잦아들었 / 흐뭇해했 / 쓰라렸 / 북돋워 / 흐느껴 / 추켜세웠

1. 거세게 불던 바람이 점점 잦아들었다.
2. 사람들은 금메달을 딴 선수를 영웅으로 ☐☐☐☐습니다.
3. 지친 아이들에게 용기를 ☐☐☐ 주고 싶었다.
4. 다친 상처가 몹시 ☐☐☐다.
5. 엄마는 슬퍼하면서 ☐☐☐ 울었다.
6. 할머니가 예쁜 꽃을 보며 ☐☐☐☐다.

어휘력 쑥쑥! 낱말 퀴즈

아래 퍼즐 속에는 낱말 일곱 개가 숨어 있어요.
가로, 세로, 대각선으로 숨은 낱말을 찾고 동그라미로 표시해 보세요.

보기: 아랑곳하다 / 머쓱하다 / 하염없이 / 앗다 / 애처롭다 / 부추기다 / 도무지

당	도	강	방	더	리	름	물
아	계	무	물	연	탁	하	기
랑	시	신	지	애	지	어	머
곳	구	비	평	개	처	행	쓱
하	염	없	이	면	영	롭	하
다	달	장	보	군	자	근	다
류	자	우	바	앗	필	가	통
금	부	추	기	다	인	치	발

⑤ 낱말 퀴즈로 재미있게 복습해요.

장이 끝날 때마다 배운 낱말을 다시 한번 확인할 수 있도록 다양한 학습 활동을 담았어요.

나만의 한 문장 쓰기 노트

기억에 남는 장면을 그려 봐요.

따라 쓰고 싶은 한 문장을 써 봐요.

문장 속 낱말을 넣어 나만의 문장을 만들어 봐요.

⑥ 나만의 한 문장 쓰기 노트로 독서 기록까지

책에 실리지 않은 동화책에서 좋아하는 문장을 발견했다면 나만의 한 문장 쓰기 노트를 활용해 보세요. 부담 없이 독서를 기록하고 어휘력을 기를 수 있어요.

차례

1

마음을 주고받아요

·관계와 마음·

우리는 주변의 많은 사람들과 다양한 관계를 맺고 살아가요. 관계를 맺을 때 중요한 것은 서로 마음을 나누는 일이에요. 친구 사이, 부모와 자녀 사이, 스승과 제자 사이처럼 다양한 관계 속에서 어떻게 마음을 나누며 살아가는지 보여 주는 동화책을 만나 보세요. 또 작품 속의 감동적인 문장을 읽고 따라 쓰며 꼭 알아야 할 낱말들을 배워 보세요.

001

마음먹다

공부한 날 월 일

음원 듣고 따라 말하기

새로운 언니를 찾기로 **마음먹었죠**.

뜻 무엇을 하겠다는 생각을 하다.

어휘력 기르기 이럴 때 사용해요.

병든 병아리를 끝까지 돌보기로 **마음먹었어**.

모든 일은 **마음먹기에** 달린 거야.

문장 읽고 따라 쓰기 낱말의 뜻을 생각하며 문장을 바르게 따라 써 봐요.

새로운 언니를 찾기로
마음먹었죠.

문장력 기르기 낱말을 사용해 나만의 문장을 만들어 봐요.

002

대견하다

공부한 날 월 일

음원 듣고 따라 말하기

아빠는 **대견하다는** 듯 내 머리칼을 마구 헝클어뜨렸다.

뜻 흐뭇하고 자랑스럽다.

어휘력 기르기 이럴 때 사용해요.

엄마는 끝까지 달린 기범이가 무척 **대견했습니다**.

현아는 울지 않는 동생이 **대견하기만** 했어.

문장 읽고 따라 쓰기 낱말의 뜻을 생각하며 문장을 바르게 따라 써 봐요.

아	빠	는		대	견	하	다	는		듯	
내		머	리	칼	을		마	구		헝	클
어	뜨	렸	다	.							

문장력 기르기 낱말을 사용해 나만의 문장을 만들어 봐요.

003

애처롭다

공부한 날 월 일

음원 듣고 따라 말하기

불바다로 변한 마을에서도 용케 살아서 돌아온 덤더디가 기특하고 애처로웠다.

뜻 가엾고 불쌍하여 마음이 슬프다.

어휘력 기르기 이럴 때 사용해요.

빗물에 날개가 젖은 나비가 무척 애처로웠어.

거칠어진 아빠의 두 손을 보니 애처로워 눈물이 났다.

문장 읽고 따라 쓰기 낱말의 뜻을 생각하며 문장을 바르게 따라 써 봐요.

불	바	다	로		변	한		마	을	에	서
도		용	케		살	아	서		돌	아	온 ∨
덤	더	디	가		기	특	하	고		애	처
로	웠	다	.								

문장력 기르기 낱말을 사용해 나만의 문장을 만들어 봐요.

004

살갑다

공부한 날 월 일

음원 듣고 따라 말하기

할머니한테 어찌나 살갑게 구는지 모른다.

뜻 마음씨가 부드럽고 상냥하다.

어휘력 기르기 이럴 때 사용해요.

노부부는 낯선 소년을 마치 아들처럼 살갑게 대했다.

선생님의 따뜻한 손길에서 살가운 정이 느껴졌어.

문장 읽고 따라 쓰기 낱말의 뜻을 생각하며 문장을 바르게 따라 써 봐요.

할머니한테 어찌나 살갑게 구는지 모른다.

문장력 기르기 낱말을 사용해 나만의 문장을 만들어 봐요.

005

추켜세우다

공부한 날 월 일

음원 듣고 따라 말하기

아주머니는 미안하다면서 아저씨를
훌륭하다고 추켜세웠다.

뜻 정도 이상으로 크게 칭찬하다.

어휘력 기르기 이럴 때 사용해요.

모든 사람들이 석훈이를 바둑 천재라며 추켜세웠습니다.

심사 위원이 신의 목소리라고 추켜세운 가수야.

문장 읽고 따라 쓰기 낱말의 뜻을 생각하며 문장을 바르게 따라 써 봐요.

아	주	머	니	는		미	안	하	다	면	서
아	저	씨	를		훌	륭	하	다	고		추
켜	세	웠	다	.							

문장력 기르기 낱말을 사용해 나만의 문장을 만들어 봐요.

006

흐뭇하다

공부한 날 월 일

음원 듣고 따라 말하기

할머니가 엄마와 사진을 번갈아 보며
흐뭇해했다.

뜻 마음에 들어 매우 만족스럽다.

어휘력 기르기 이럴 때 사용해요.

알알이 영근 열매를 보니 무척 흐뭇했다.

아저씨는 의젓하게 잘 자란 아들을 보며 흐뭇한 미소를 지었다.

문장 읽고 따라 쓰기 낱말의 뜻을 생각하며 문장을 바르게 따라 써 봐요.

할	머	니	가		엄	마	와		사	진	을
번	갈	아		보	며		흐	뭇	해	했	다

문장력 기르기 낱말을 사용해 나만의 문장을 만들어 봐요.

007

단호하다

공부한 날 월 일

음원 듣고 따라 말하기

가끔 원하는 것을 이루기 위해서는 단호하고 무섭게 행동해야 하는 때도 있다.

뜻 태도나 마음이 쉽사리 흔들리지 않다.

어휘력 기르기 이럴 때 사용해요.

학급 회장은 단호하게 딱 잘라 말했습니다.

그렇게 애원하는데 어떻게 단호하게 거절하겠어?

문장 읽고 따라 쓰기 낱말의 뜻을 생각하며 문장을 바르게 따라 써 봐요.

가 끔 원 하 는 것 을 이 루
기 위 해 서 는 단 호 하 고
무 섭 게 행 동 해 야 하 는
때 도 있 다 .

문장력 기르기 낱말을 사용해 나만의 문장을 만들어 봐요.

008

북돋우다

공부한 날 월 일

음원 듣고 따라 말하기

엄마한테 용기를 **북돋워** 주고 싶었다.

뜻 기운이나 정신을 더욱 높여 주다.

어휘력 기르기 이럴 때 사용해요.

슬퍼하는 찬호의 기운을 **북돋워** 주고 싶어.

군중의 커다란 함성은 선수들의 사기를 **북돋워** 주었다.

문장 읽고 따라 쓰기 낱말의 뜻을 생각하며 문장을 바르게 따라 써 봐요.

엄마한테 용기를 북돋워 주고 싶었다.

문장력 기르기 낱말을 사용해 나만의 문장을 만들어 봐요.

009

부추기다

공부한 날 월 일

음원 듣고 따라 말하기

짓궂은 동물들이 직접 봐야 믿을 수 있다며 시합을 부추겼어.

뜻 남의 마음을 일으켜 일을 하도록 만들다.

어휘력 기르기 이럴 때 사용해요.

이렇게 비싼 가방을 사라고 부추기는 거니?

높은 담장을 넘어 보라고 부추겨서는 안 돼.

문장 읽고 따라 쓰기 낱말의 뜻을 생각하며 문장을 바르게 따라 써 봐요.

짓	궂	은		동	물	들	이		직	접	
봐	야		믿	을		수		있	다	며	
시	합	을		부	추	겼	어	.			

문장력 기르기 낱말을 사용해 나만의 문장을 만들어 봐요.

010

멎다

공부한 날 월 일

음원 듣고 따라 말하기

대답하는 순간, 나는 숨이 멎는 것 같았습니다.

뜻 움직임이나 동작이 그치다.

어휘력 기르기 이럴 때 사용해요.

몰아치던 비바람이 갑자기 멎었다.

기침이 좀처럼 멎지를 않으니 걱정이구나.

문장 읽고 따라 쓰기 낱말의 뜻을 생각하며 문장을 바르게 따라 써 봐요.

대답하는 순간, 나는 숨이 멎는 것 같았습니다.

문장력 기르기 낱말을 사용해 나만의 문장을 만들어 봐요.

011

내디디다

공부한 날 　월 　일

음원 듣고 따라 말하기

들이도 조심스럽게 풀숲 안으로 발을 **내디뎠습니다**.

뜻 발을 움직여 다른 장소로 옮겨 가다.

어휘력 기르기 이럴 때 사용해요.

귀신을 본 호정이는 한 발짝도 **내디디지** 못했다.

웅덩이에 발을 **내디디니** 물이 사방으로 튀었습니다.

문장 읽고 따라 쓰기 낱말의 뜻을 생각하며 문장을 바르게 따라 써 봐요.

들	이	도		조	심	스	럽	게		풀	숲
안	으	로		발	을		내	디	뎠	습	니
다	.										

문장력 기르기 낱말을 사용해 나만의 문장을 만들어 봐요.

012

나지막이

공부한 날 월 일

음원 듣고 따라 말하기

아빠가 나지막이 말했다.

뜻 소리나 위치가 낮게.

어휘력 기르기 이럴 때 사용해요.

뽀얀 구름이 나지막이 떠 있었어.

삼촌은 민아에게 나지막이 자장가를 불러 주었습니다.

문장 읽고 따라 쓰기 낱말의 뜻을 생각하며 문장을 바르게 따라 써 봐요.

아	빠	가		나	지	막	이		말	했	다

문장력 기르기 낱말을 사용해 나만의 문장을 만들어 봐요.

013

못마땅하다

공부한 날 월 일

음원 듣고 따라 말하기

할머니는 절뚝거리면서 아주 천천히 걸어야 하는 게 정말 못마땅하신 모양이다.

뜻 마음에 들지 않고 불만스럽다.

어휘력 기르기 이럴 때 사용해요.

밥상 앞에서 장난을 치니 할머니는 못마땅해하셨어.

선생님은 못마땅한 표정으로 나를 바라보았습니다.

문장 읽고 따라 쓰기 낱말의 뜻을 생각하며 문장을 바르게 따라 써 봐요.

할머니는 절뚝거리면서 아주 천천히 걸어야 하는 게 정말 못마땅하신 모양이다.

문장력 기르기 낱말을 사용해 나만의 문장을 만들어 봐요.

014

내키다

공부한 날 월 일

음원 듣고 따라 말하기

윌버는 자기가 이런 소동의 한가운데에 있는 것이 정말 **내키지** 않았다.

뜻 하고 싶은 마음이 생기다.

어휘력 기르기 이럴 때 사용해요.

호랑이 굴로 걸어 들어가라니 도무지 **내키지** 않았어.

동준이는 **내키지** 않는 걸음으로 학교로 향했다.

문장 읽고 따라 쓰기 낱말의 뜻을 생각하며 문장을 바르게 따라 써 봐요.

윌	버	는		자	기	가		이	런		소
동	의		한	가	운	데	에		있	는	
것	이		정	말		내	키	지		않	았
다	.										

문장력 기르기 낱말을 사용해 나만의 문장을 만들어 봐요.

015

머쓱하다

공부한 날 월 일

음원 듣고 따라 말하기

아빠는 웃었지만 조금 머쓱한 얼굴이었습니다.

뜻 흥이 꺾이거나 무안해져 어색하고 쑥스럽다.

어휘력 기르기 이럴 때 사용해요.

효민이가 사과를 받아 주지 않자 머쓱해지고 말았어.

뜻밖의 푸대접을 받으니 머쓱해서 머리만 긁적였습니다.

문장 읽고 따라 쓰기 낱말의 뜻을 생각하며 문장을 바르게 따라 써 봐요.

아	빠	는		웃	었	지	만		조	금	
머	쓱	한		얼	굴	이	었	습	니	다	.

문장력 기르기 낱말을 사용해 나만의 문장을 만들어 봐요.

016

도무지

공부한 날 월 일

음원 듣고 따라 말하기

공부도 따라가지 못했지만 그곳의 아이들과
도무지 섞일 수가 없었다.

뜻 아무리 이리저리 해 보아도.

어휘력 기르기 이럴 때 사용해요.

너는 도무지 이해할 수 없는 소리만 하는구나.

탐정은 이 사건의 실마리를 도무지 찾을 수가 없었다.

문장 읽고 따라 쓰기 낱말의 뜻을 생각하며 문장을 바르게 따라 써 봐요.

공	부	도		따	라	가	지		못	했	지
만		그	곳	의		아	이	들	과		도
무	지		섞	일		수	가		없	었	다.

문장력 기르기 낱말을 사용해 나만의 문장을 만들어 봐요.

017

독차지하다

공부한 날 월 일

음원 듣고 따라 말하기

그냥 네 친구가 가장 좋은 자리를 독차지하는 건 불공평하다고 말하면 돼.

뜻 혼자 모두 가지다.

어휘력 기르기 이럴 때 사용해요.

가장 힘센 다람쥐가 도토리를 독차지하면 어쩌지?

늦둥이는 온 가족의 사랑을 독차지하였습니다.

문장 읽고 따라 쓰기 낱말의 뜻을 생각하며 문장을 바르게 따라 써 봐요.

그냥 네 친구가 가장 좋은 자리를 독차지하는 건 불공평하다고 말하면 돼.

문장력 기르기 낱말을 사용해 나만의 문장을 만들어 봐요.

018

덩달다

공부한 날 월 일

음원 듣고 따라 말하기

그러면 오빠하고 나도 **덩달아** 짜증이 나서 하찮은 것을 가지고도 싸웠다.

뜻 까닭도 모르고 남이 하는 대로 따라 하다.

어휘력 기르기 이럴 때 사용해요.

수탉 한 마리가 울자 다른 닭들이 **덩달아** 울기 시작했다.

엄마가 웃으니 아기도 **덩달아** 웃었어.

문장 읽고 따라 쓰기 낱말의 뜻을 생각하며 문장을 바르게 따라 써 봐요.

그러면 오빠하고 나도 덩달아 짜증이 나서 하찮은 것을 가지고도 싸웠다.

문장력 기르기 낱말을 사용해 나만의 문장을 만들어 봐요.

019

하염없이

공부한 날 월 일

음원 듣고 따라 말하기

겨우 발목까지만 자란 나무들이 바위 뒤에 몸을 붙인 채 하염없이 울고 있었다.

뜻 아무 생각 없이 그저 멍하게.

어휘력 기르기 이럴 때 사용해요.

어디로 가는지도 모르고 하염없이 앞으로 걸었습니다.

가족 사진을 보며 하염없이 눈물만 흘렸어.

문장 읽고 따라 쓰기 낱말의 뜻을 생각하며 문장을 바르게 따라 써 봐요.

겨	우		발	목	까	지	만		자	란	
나	무	들	이		바	위		뒤	에		몸
을		붙	인		채		하	염	없	이	
울	고		있	었	다	.					

문장력 기르기 낱말을 사용해 나만의 문장을 만들어 봐요.

020

잦아들다

공부한 날 월 일

음원 듣고 따라 말하기

릴리 언니의 울음소리가 점점 잦아들고 있었다.

뜻 가라앉으며 잠잠해지다.

어휘력 기르기 이럴 때 사용해요.

영호가 고함을 치자 아이들의 목소리가 잦아들었다.

다행스럽게도 강한 불길은 잦아들었다고 합니다.

문장 읽고 따라 쓰기 낱말의 뜻을 생각하며 문장을 바르게 따라 써 봐요.

릴리 언니의 울음소리가 ∨
점점 잦아들고 있었다.

문장력 기르기 낱말을 사용해 나만의 문장을 만들어 봐요.

021

아랑곳하다

공부한 날 월 일

음원 듣고 따라 말하기

고릴라는 사람들의 시선 따위는 아랑곳하지 않는 듯 앞으로 쿵쿵 걸어갔다.

뜻 일에 나서서 참견하거나 관심을 두다.

어휘력 기르기 이럴 때 사용해요.

고흐는 사람들의 무관심에도 아랑곳하지 않고 그림을 그렸어.

아이는 뼈까지 시려 오는 추위도 아랑곳하지 않았다.

문장 읽고 따라 쓰기 낱말의 뜻을 생각하며 문장을 바르게 따라 써 봐요.

고릴라는 사람들의 시선 ∨
따위는 아랑곳하지 않는 ∨
듯 앞으로 쿵쿵 걸어갔
다.

문장력 기르기 낱말을 사용해 나만의 문장을 만들어 봐요.

022

휘청거리다

공부한 날 월 일

음원 듣고 따라 말하기

물이 줄줄 흐르는 이불이 무거운지 할머니 허리가 휘청거렸다.

뜻 힘없이 기우뚱거리며 자꾸 흔들리다.

어휘력 기르기 이럴 때 사용해요.

운동장을 열 바퀴나 돌았더니 다리가 휘청거렸다.

강에서 불어오는 바람에 갈대가 휘청거렸어.

문장 읽고 따라 쓰기 낱말의 뜻을 생각하며 문장을 바르게 따라 써 봐요.

물이 줄줄 흐르는 이불
이 무거운지 할머니 허
리가 휘청거렸다.

문장력 기르기 낱말을 사용해 나만의 문장을 만들어 봐요.

023

쓰라리다

공부한 날 월 일

음원 듣고 따라 말하기

상처 난 머리에 가발을 쓰면 무척 **쓰라릴** 거예요.

뜻 다친 부위나 마음이 쑤시듯 아프다.

어휘력 기르기 이럴 때 사용해요.

발뒤꿈치가 까져 걸음을 옮길 때마다 **쓰라렸다**.

상처에 소금이 들어갔는지 견딜 수 없이 **쓰라렸습니다**.

문장 읽고 따라 쓰기 낱말의 뜻을 생각하며 문장을 바르게 따라 써 봐요.

상처 난 머리에 가발을 쓰면 무척 쓰라릴 거예요.

문장력 기르기 낱말을 사용해 나만의 문장을 만들어 봐요.

024

흐느끼다

공부한 날 월 일

음원 듣고 따라 말하기

아빠가 설명하는 동안 할머니는 몹시 흐느껴 울면서 말했다.

뜻 몹시 서러워 흑흑 소리를 내며 울다.

어휘력 기르기 이럴 때 사용해요.

지은이는 무릎을 끌어안은 채 흐느꼈어.

흐느껴 우는 준호의 등을 토닥여 줄 수밖에 없었다.

문장 읽고 따라 쓰기 낱말의 뜻을 생각하며 문장을 바르게 따라 써 봐요.

아빠가 설명하는 동안
할머니는 몹시 흐느껴
울면서 말했다.

문장력 기르기 낱말을 사용해 나만의 문장을 만들어 봐요.

025

억울하다

공부한 날   월   일

음원 듣고 따라 말하기

희진이는 너무 창피하고 **억울해서** 훌쩍이며 자기 방으로 들어갔어요.

뜻 아무 잘못 없이 혼나서 분하고 답답하다.

어휘력 기르기 이럴 때 사용해요.

네가 시치미를 떼는 바람에 **억울하게** 나만 혼났어.

세상에는 누명을 쓴 **억울한** 사람이 많습니다.

문장 읽고 따라 쓰기 낱말의 뜻을 생각하며 문장을 바르게 따라 써 봐요.

희	진	이	는		너	무		창	피	하	고
억	울	해	서		훌	쩍	이	며		자	기
방	으	로		들	어	갔	어	요	.		

문장력 기르기 낱말을 사용해 나만의 문장을 만들어 봐요.

026

앗다

공부한 날 월 일

음원 듣고 따라 말하기

아빠의 목숨을 앗아 갈 뻔한 재난 때문에
새끼 사슴의 어미가 목숨을 잃고 말았다.

뜻 빼앗거나 가로채다.

어휘력 기르기 이럴 때 사용해요.

엄청난 홍수가 많은 사람들의 목숨을 앗아 갔어.

사람들의 기쁨을 앗아 간 건 바로 전쟁이었습니다.

문장 읽고 따라 쓰기 낱말의 뜻을 생각하며 문장을 바르게 따라 써 봐요.

아	빠	의		목	숨	을		앗	아		갈	V
뻔	한		재	난		때	문	에		새	끼	V
사	슴	의		어	미	가		목	숨	을		
잃	고		말	았	다	.						

문장력 기르기 낱말을 사용해 나만의 문장을 만들어 봐요.

어휘력 쑥쑥! 낱말 퀴즈

빈칸에 들어갈 낱말을 〈보기〉에서 골라 채워 보세요.

보기

잦아들었	흐뭇해했	쓰라렸
북돋워	흐느껴	추켜세웠

1. 거세게 불던 바람이 점점 [잦][아][들][었]다.
2. 사람들은 금메달을 딴 선수를 영웅으로 [ ][ ][ ][ ]습니다.
3. 지친 아이들에게 용기를 [ ][ ][ ] 주고 싶었다.
4. 다친 상처가 몹시 [ ][ ][ ]다.
5. 엄마는 슬퍼하면서 [ ][ ][ ] 울었다.
6. 할머니가 예쁜 꽃을 보며 [ ][ ][ ][ ]다.

어휘력 쑥쑥! 낱말 퀴즈

아래 퍼즐 속에는 낱말 일곱 개가 숨어 있어요.
가로, 세로, 대각선으로 숨은 낱말을 찾고 동그라미로 표시해 보세요.

보기

아랑곳하다 머쓱하다 하염없이
앗다 애처롭다 부추기다 도무지

당	도	강	방	더	리	름	물
아	계	무	물	연	탁	하	기
랑	시	신	지	애	지	어	머
곳	구	비	평	개	처	행	쓱
하	염	없	이	면	영	롭	하
다	달	장	보	군	자	근	다
류	자	우	바	앗	필	가	통
금	부	추	기	다	인	치	발

2

나를 믿고 성장해요

·정체성과 성장·

나는 누구인가요? 누군가의 아들이나 딸, 또 어떤 학교에 속한 학생일 거예요. 그것 말고도 나를 나타내 주는 여러 가지 특징이 있어요. 우리는 고유한 특징으로 나를 만들어 가며 지금 이 순간도 쑥쑥 자라고 있어요. 작년의 나도, 올해의 나도, 내년의 나도 모두 나예요. 자신을 알아 가고 한층 자라게 해 주는 동화 속에서 낱말들을 배우고 멋진 문장을 따라 써 보세요.

027

들뜨다

공부한 날 월 일

음원 듣고 따라 말하기

우리 반 아이들 모두 들떠 있었어요.

뜻 마음이나 기분이 가라앉지 않다.

어휘력 기르기 이럴 때 사용해요.

운동장의 펄럭이는 만국기를 보자 마음이 들떴어.

승희는 놀이공원에 갈 생각에 잔뜩 들뜨고 말았다.

문장 읽고 따라 쓰기 낱말의 뜻을 생각하며 문장을 바르게 따라 써 봐요.

우	리		반		아	이	들		모	두	
들	떠		있	었	어	요	.				

문장력 기르기 낱말을 사용해 나만의 문장을 만들어 봐요.

028 베풀다

공부한 날 월 일

음원 듣고 따라 말하기

생일은 원래 베푸는 날이야.

뜻 남을 위해 돈을 주거나 일을 돕다.

어휘력 기르기 이럴 때 사용해요.

아무리 돈이 많아도 베풀지 않으면 소용이 없습니다.

친절을 베푸는 선비 곁에는 늘 사람들이 많았어.

문장 읽고 따라 쓰기 낱말의 뜻을 생각하며 문장을 바르게 따라 써 봐요.

생일은 원래 베푸는 날이야.

문장력 기르기 낱말을 사용해 나만의 문장을 만들어 봐요.

029

되새기다

공부한 날 월 일

음원 듣고 따라 말하기

나는 눈을 끔벅이며 선생님의 말을 되새겨 보았다.

뜻 지난 일을 떠올려 골똘히 생각하다.

어휘력 기르기 이럴 때 사용해요.

에디슨의 말을 다시 한번 되새기며 노력할게요.

할머니와 나눈 소중한 추억을 되새기고 싶어.

문장 읽고 따라 쓰기 낱말의 뜻을 생각하며 문장을 바르게 따라 써 봐요.

나는 눈을 끔벅이며 선생님의 말을 되새겨 보았다.

문장력 기르기 낱말을 사용해 나만의 문장을 만들어 봐요.

030 쑥덕거리다

공부한 날 월 일

음원 듣고 따라 말하기

광일이 말에 아이들은 킥킥거리고
쑥덕거렸다.

뜻 남이 알아듣지 못하도록 비밀스레 이야기하다.

어휘력 기르기 이럴 때 사용해요.

내가 앞에 있는데도 너희들끼리 쑥덕거리는 거야?
쑥덕거리지들 말고 당당히 앞에 나와서 말하시오!

문장 읽고 따라 쓰기 낱말의 뜻을 생각하며 문장을 바르게 따라 써 봐요.

광 일 이 말 에 아 이 들 은
킥 킥 거 리 고 쑥 덕 거 렸 다 .

문장력 기르기 낱말을 사용해 나만의 문장을 만들어 봐요.

031

의아하다

공부한 날 월 일

음원 듣고 따라 말하기

엄마가 어찌나 상냥하게 전화를 받는지 내가 다 **의아할** 정도였어요.

뜻 의심스럽고 이상하다.

어휘력 기르기 이럴 때 사용해요.

꼴찌였던 민호가 일등을 한 건 **의아한** 일이었어.

도둑을 맞고도 싱글벙글한 사또를 보고 모두가 **의아하게** 여겼습니다.

문장 읽고 따라 쓰기 낱말의 뜻을 생각하며 문장을 바르게 따라 써 봐요.

엄마가 어찌나 상냥하게 ∨
전화를 받는지 내가 다 ∨
의아할 정도였어요.

문장력 기르기 낱말을 사용해 나만의 문장을 만들어 봐요.

032

고작

공부한 날 월 일

음원 듣고 따라 말하기

스스로, 알아서 척척 하는 게 고작 싸움뿐이지?

뜻 좋거나 크게 보려 해도 별것 아님.

어휘력 기르기 이럴 때 사용해요.

엄청난 선물이라더니 고작 이걸 주는 거냐?

반찬이래야 고작 김치뿐이었지만 선비는 행복했어.

문장 읽고 따라 쓰기 낱말의 뜻을 생각하며 문장을 바르게 따라 써 봐요.

스스로, 알아서 척척 하는 게 고작 싸움뿐이지?

문장력 기르기 낱말을 사용해 나만의 문장을 만들어 봐요.

033 간신히

공부한 날 월 일

음원 듣고 따라 말하기

앤드루는 들릴 듯 말 듯 간신히 소리를 냈다.

뜻 겨우 또는 가까스로.

어휘력 기르기 이럴 때 사용해요.

수영장이 닫히기 전에 간신히 입장했다.

수현이는 울음이 터지려는 걸 간신히 참았어.

문장 읽고 따라 쓰기 낱말의 뜻을 생각하며 문장을 바르게 따라 써 봐요.

앤드루는 들릴 듯 말 듯 간신히 소리를 냈다.

문장력 기르기 낱말을 사용해 나만의 문장을 만들어 봐요.

034

기어이

공부한 날 월 일

음원 듣고 따라 말하기

천만금이 눈에서도 참았던 눈물이 기어이
뚝뚝 흘러내렸어.

㊫ 결국에, 어떤 일이 있더라도 반드시.

어휘력 기르기 이럴 때 사용해요.

두려워하던 일이 기어이 벌어지고 말았습니다.

그새를 못 참고 또 기어이 말다툼을 한 거야?

문장 읽고 따라 쓰기 낱말의 뜻을 생각하며 문장을 바르게 따라 써 봐요.

천	만	금	이		눈	에	서	도		참	았
던		눈	물	이		기	어	이		뚝	뚝 ∨
흘	러	내	렸	어	.						

문장력 기르기 낱말을 사용해 나만의 문장을 만들어 봐요.

035

머뭇거리다

공부한 날 월 일

음원 듣고 따라 말하기

머뭇거리던 안하람이 주머니에서 무언가를 꺼냈다.

뜻 말이나 행동을 선뜻 하지 못하고 망설이다.

어휘력 기르기 이럴 때 사용해요.

그렇게 머뭇거리다간 기차를 놓치고 말 거야.

주호는 발표를 하려다 잠시 머뭇거렸습니다.

문장 읽고 따라 쓰기 낱말의 뜻을 생각하며 문장을 바르게 따라 써 봐요.

머뭇거리던 안하람이 주머니에서 무언가를 꺼냈다.

문장력 기르기 낱말을 사용해 나만의 문장을 만들어 봐요.

036

가뿐하다

공부한 날 월 일

음원 듣고 따라 말하기

나는 깃털처럼 가뿐하게 의자에서 일어났어요.

뜻 몸이나 마음이 상쾌하고 가볍다.

어휘력 기르기 이럴 때 사용해요.

친구에게 사과했더니 한결 마음이 가뿐해졌어.

따뜻한 물에 샤워하면 몸이 가뿐해질 거야.

문장 읽고 따라 쓰기 낱말의 뜻을 생각하며 문장을 바르게 따라 써 봐요.

나	는		깃	털	처	럼		가	뿐	하	게
의	자	에	서		일	어	났	어	요	.	

문장력 기르기 낱말을 사용해 나만의 문장을 만들어 봐요.

037 심드렁하다

공부한 날 월 일

음원 듣고 따라 말하기

완찬이 녀석은 거듭 고개를 갸웃거리면서 심드렁하게 손뼉 치는 시늉만 냈다.

뜻 마음에 들지 않아 관심을 보이지 않다.

어휘력 기르기 이럴 때 사용해요.

나는 무척 기뻤는데도 괜히 심드렁한 척했어.

아이들의 심드렁한 대답에 선생님은 힘이 쭉 빠졌습니다.

문장 읽고 따라 쓰기 낱말의 뜻을 생각하며 문장을 바르게 따라 써 봐요.

완	찬	이		녀	석	은		거	듭		고
개	를		갸	웃	거	리	면	서		심	드
렁	하	게		손	뼉		치	는		시	늉
만		냈	다	.							

문장력 기르기 낱말을 사용해 나만의 문장을 만들어 봐요.

038

곁눈질하다

공부한 날 월 일

음원 듣고 따라 말하기

그 반대로 우리는 온종일 뛰고, 준비 운동을 하고, 경쟁자들을 곁눈질한다.

뜻 머리는 돌리지 않고 눈알만 옆으로 굴려서 보다.

어휘력 기르기 이럴 때 사용해요.

덕총은 상 위의 푸짐한 음식을 곁눈질했다.

짝꿍을 곁눈질하느라 공부에 집중이 되지 않았어.

문장 읽고 따라 쓰기 낱말의 뜻을 생각하며 문장을 바르게 따라 써 봐요.

그 반대로 우리는 온종일 뛰고, 준비 운동을 하고, 경쟁자들을 곁눈질한다.

문장력 기르기 낱말을 사용해 나만의 문장을 만들어 봐요.

039 꺼림칙하다

공부한 날 월 일

음원 듣고 따라 말하기

아버지의 얼굴에서는 꺼림칙하게 느끼는 기색을 조금도 찾아볼 수 없었다.

뜻 마음에 걸리는 구석이 있어 기분이 좋지 않다.

어휘력 기르기 이럴 때 사용해요.

속마음을 들킨 것 같아 무척이나 꺼림칙했어.

왠지 모르게 꺼림칙한 기분이 드는 선물 상자였다.

문장 읽고 따라 쓰기 낱말의 뜻을 생각하며 문장을 바르게 따라 써 봐요.

아버지의 얼굴에서는 꺼림칙하게 느끼는 기색을 조금도 찾아볼 수 없었다.

문장력 기르기 낱말을 사용해 나만의 문장을 만들어 봐요.

040

능청스럽다

공부한 날 월 일

음원 듣고 따라 말하기

아빠는 능청스레 접시에게 말까지 시켰어요.

뜻 속마음을 숨기고 겉으로는 자연스럽게 행동하다.

어휘력 기르기 이럴 때 사용해요.

지호의 능청스러운 연기에 모두가 웃고 말았습니다.

어찌나 능청스럽게 거짓말을 하던지!

문장 읽고 따라 쓰기 낱말의 뜻을 생각하며 문장을 바르게 따라 써 봐요.

아빠는 능청스레 접시에게 말까지 시켰어요.

문장력 기르기 낱말을 사용해 나만의 문장을 만들어 봐요.

041 오그라들다

공부한 날 월 일

음원 듣고 따라 말하기

나는 자꾸 오그라드는 가슴을 일부러 쭉 펴고 하늘을 올려다봤다.

뜻 안으로 오목하게 휘다.

어휘력 기르기 이럴 때 사용해요.

노릇노릇 구웠더니 오징어가 동그랗게 오그라들었어.

번듯한 저택도 불에 타면 오그라들고 말 것입니다.

문장 읽고 따라 쓰기 낱말의 뜻을 생각하며 문장을 바르게 따라 써 봐요.

나	는		자	꾸		오	그	라	드	는	
가	슴	을		일	부	러		쪽		펴	고 ∨
하	늘	을		올	려	다	봤	다	.		

문장력 기르기 낱말을 사용해 나만의 문장을 만들어 봐요.

042

서럽다

공부한 날 월 일

음원 듣고 따라 말하기

벤은 개를 가질 수 없는 처지가 서러워,
베개에 얼굴을 묻고 엉엉 울었다.

뜻 무척 슬프고 원통하다.

어휘력 기르기 이럴 때 사용해요.

날은 춥고 지갑도 잃어버려서 서럽게 울었어.

공주는 서럽게 울고 있는 광대를 구해 주었습니다.

문장 읽고 따라 쓰기 낱말의 뜻을 생각하며 문장을 바르게 따라 써 봐요.

벤은 개를 가질 수 없는 처지가 서러워, 베개에 얼굴을 묻고 엉엉 울었다.

문장력 기르기 낱말을 사용해 나만의 문장을 만들어 봐요.

043

북적이다

공부한 날 월 일

음원 듣고 따라 말하기

조용한 마을이 갑자기 북적였어요.

뜻 많은 사람이 한곳에 모여 어수선하게 움직이다.

어휘력 기르기 이럴 때 사용해요.

장터처럼 북적이는 곳에서는 길을 잃으면 안 돼.

공항은 해외여행을 떠나려는 사람들로 북적였다.

문장 읽고 따라 쓰기 낱말의 뜻을 생각하며 문장을 바르게 따라 써 봐요.

조용한 마을이 갑자기 북적였어요.

문장력 기르기 낱말을 사용해 나만의 문장을 만들어 봐요.

044

도도하다

공부한 날 월 일

음원 듣고 따라 말하기

할머니는 도도하게 말했다.

뜻 잘난 체하며 주제넘게 거만하다.

어휘력 기르기 이럴 때 사용해요.

도도한 줄 알았는데 알고 보니 상냥한 아이였어.

공주는 늘 도도하게 미소 짓고 있었습니다.

문장 읽고 따라 쓰기 낱말의 뜻을 생각하며 문장을 바르게 따라 써 봐요.

할머니는 도도하게 말했다.

문장력 기르기 낱말을 사용해 나만의 문장을 만들어 봐요.

045

여위다

공부한 날 월 일

음원 듣고 따라 말하기

하루 사이에 더 여위었구나.

뜻 살이 빠져 마른 듯하다.

어휘력 기르기 이럴 때 사용해요.

규호는 못 본 사이에 많이 여윈 모습이었다.

얼굴이 홀쭉하게 여윈 걸 보니 며칠 굶었나 보구나.

문장 읽고 따라 쓰기 낱말의 뜻을 생각하며 문장을 바르게 따라 써 봐요.

하 루 사 이 에 더 여 위 었 구 나 .

문장력 기르기 낱말을 사용해 나만의 문장을 만들어 봐요.

046 갸웃거리다

공부한 날 월 일

음원 듣고 따라 말하기

닻별이 한 번 더 고개를 갸웃거릴 즈음 바닥이 부르르 떨렸다.

㉿ 고개나 몸을 이쪽저쪽으로 기울이다.

어휘력 기르기 이럴 때 사용해요.

소현이는 믿을 수 없다는 듯 고개를 갸웃거렸어.

의사는 아이의 이마를 짚으며 고개를 갸웃거렸다.

문장 읽고 따라 쓰기 낱말의 뜻을 생각하며 문장을 바르게 따라 써 봐요.

닻	별	이		한		번		더		고	개
를		갸	웃	거	릴		즈	음		바	닥
이		부	르	르		떨	렸	다	.		

문장력 기르기 낱말을 사용해 나만의 문장을 만들어 봐요.

어휘력 쑥쑥! 낱말 퀴즈

낱말들은 서로 가장 잘 어울리는 짝꿍이 있어요.
어울리는 낱말끼리 짝을 지어 선으로 연결하고 문장을 완성해 보세요.

말씀을	들뜨다
잔치를	참다
간신히	갸웃거리다
마음이	되새기다
고개를	베풀다

어휘력 쑥쑥! 낱말 퀴즈

문장에 알맞은 낱말을 골라 동그라미로 표시하고,
빈칸을 채워 문장을 완성해 보세요.

1. 며칠 사이에 해쓱하게 [여][위][었]구나!
   여위었 : 여의었

2. 주머니 속에 든 것은 [ ][ ] 동전 하나뿐이었어.
   한창 : 고작

3. 더 이상 [ ][ ][ ][ ][ ] 말고 당장 일어나렴.
   머뭇거리지 : 두근거리지

4. 다시는 볼 수 없다고 생각하니 무척 [ ][ ][ ][ ]요.
   더러웠어 : 서러웠어

5. 내 앞에서 귓속말로 [ ][ ][ ][ ][ ] 말아 줘.
   흠칫거리지 : 쑥덕거리지

3

우리 함께 살아가요

·이웃과 공동체·

이 세상 그 누구도 혼자 살 수는 없어요. 옆집에는 이웃이 살고, 그 이웃들이 모여 공동체를 이루지요. 내가 어려움에 처하면 누군가 분명 도움의 손길을 내밀 거예요. 반대로 나도 언젠가 이웃을 도울 수 있어요. 서로 도우며 공동체는 더욱 단단해지고 끈끈해질 거예요. 다정한 이웃들이 함께 살아가는 동화 속에서 낱말을 익히고, 문장을 소리 내어 읽고 적어 보세요.

047

태연하다

공부한 날 월 일

음원 듣고 따라 말하기

고양이들은 아무 일도 없다는 듯 태연하게 찻잔을 날랐어요.

뜻 두려울 만한 상황에도 아무렇지 않아 보이다.

어휘력 기르기 이럴 때 사용해요.

천둥소리가 났는데도 지민이는 아주 태연했어.

나는 소스라치게 놀랐지만 태연한 척했다.

문장 읽고 따라 쓰기 낱말의 뜻을 생각하며 문장을 바르게 따라 써 봐요.

고	양	이	들	은		아	무		일	도	
없	다	는		듯		태	연	하	게		찻
잔	을		날	랐	어	요	.				

문장력 기르기 낱말을 사용해 나만의 문장을 만들어 봐요.

048

의젓하다

공부한 날 월 일

음원 듣고 따라 말하기

이제 또실이는 **의젓한** 초등학생이니까요.

뜻 말이나 행동이 점잖다.

어휘력 기르기 이럴 때 사용해요.

아이들은 교장 선생님께 무척 **의젓해** 보이고 싶었다.

희철이는 또래 학생들보다 **의젓하더구나**.

문장 읽고 따라 쓰기 낱말의 뜻을 생각하며 문장을 바르게 따라 써 봐요.

이제 또실이는 의젓한
초등학생이니까요.

문장력 기르기 낱말을 사용해 나만의 문장을 만들어 봐요.

049 이끌다

공부한 날 월 일

음원 듣고 따라 말하기

반을 이끈다는 게 어떤 건지 알아보렴.

뜻 원하는 곳이나 방향으로 나아가게 하다.

어휘력 기르기 이럴 때 사용해요.

제가 우승하게 이끌어 주신 건 태권도 사범님이에요.

민호는 팀을 이끌 자신이 있었다.

문장 읽고 따라 쓰기 낱말의 뜻을 생각하며 문장을 바르게 따라 써 봐요.

반을 이끈다는 게 어떤 건지 알아보렴.

문장력 기르기 낱말을 사용해 나만의 문장을 만들어 봐요.

050

맴돌다

공부한 날 월 일

음원 듣고 따라 말하기

엄마의 다정한 목소리도 귓가에 맴돌았습니다.

뜻 일정한 장소나 범위에서 되풀이하여 움직이다.

어휘력 기르기 이럴 때 사용해요.

좋아한다는 말이 혀끝에서 맴돌 뿐이었습니다.

하이에나들은 사슴 떼 주위를 계속 맴돌았다.

문장 읽고 따라 쓰기 낱말의 뜻을 생각하며 문장을 바르게 따라 써 봐요.

엄마의 다정한 목소리도 ∨

귓가에 맴돌았습니다.

문장력 기르기 낱말을 사용해 나만의 문장을 만들어 봐요.

051

주눅

공부한 날 월 일

음원 듣고 따라 말하기

우리 반 아이들은 주눅 들지 않고 평화적으로 맞섰다.

뜻 무섭거나 부끄러워서 움츠러드는 태도나 성질.

어휘력 기르기 이럴 때 사용해요.

깃털이 화려한 새들을 보니 아기 오리는 주눅이 들었습니다.

왜 나는 하얀 도화지만 보면 주눅이 드는 걸까?

문장 읽고 따라 쓰기 낱말의 뜻을 생각하며 문장을 바르게 따라 써 봐요.

우리 반 아이들은 주눅 ∨
들지 않고 평화적으로
맞섰다.

문장력 기르기 낱말을 사용해 나만의 문장을 만들어 봐요.

052

부질없다

공부한 날 월 일

음원 듣고 따라 말하기

지혜 없는 용기는 어리석은 것이고, 용기 없는 지혜는 부질없는 것이다!

뜻 대수롭지 않거나 쓸모없다.

어휘력 기르기 이럴 때 사용해요.

화려한 불꽃놀이도 끝나고 나면 부질없이 느껴져.

아무리 울며 빌어도 이제는 부질없는 일이었다.

문장 읽고 따라 쓰기 낱말의 뜻을 생각하며 문장을 바르게 따라 써 봐요.

지혜 없는 용기는 어리석은 것이고, 용기 없는 지혜는 부질없는 것이다!

문장력 기르기 낱말을 사용해 나만의 문장을 만들어 봐요.

053

얼떨결

공부한 날 월 일

음원 듣고 따라 말하기

교과서 수록

혁이는 얼떨결에 선생님과 약속을 하고 말았습니다.

뜻 뜻하지 않게 갑작스럽고 정신없이.

어휘력 기르기 이럴 때 사용해요.

누군가 떠미는 바람에 얼떨결에 무대에 올랐다.

할머니가 주시는 용돈을 얼떨결에 받아 버렸습니다.

문장 읽고 따라 쓰기 낱말의 뜻을 생각하며 문장을 바르게 따라 써 봐요.

혁이는 얼떨결에 선생님과 약속을 하고 말았습니다.

문장력 기르기 낱말을 사용해 나만의 문장을 만들어 봐요.

054 대뜸

공부한 날 　　월 　　일

음원 듣고 따라 말하기

종달이는 연필을 쥐고 끙끙대고 있는
할머니한테 대뜸 말했어요.

뜻 이것저것 생각할 것 없이 그 자리에서 곧.

어휘력 기르기 이럴 때 사용해요.

자초지종도 모르면서 대뜸 화를 내면 어떡해요?

주민이는 내 얼굴을 보자마자 대뜸 소리를 질렀어.

문장 읽고 따라 쓰기 낱말의 뜻을 생각하며 문장을 바르게 따라 써 봐요.

종달이는 연필을 쥐고 끙끙대고 있는 할머니한테 대뜸 말했어요.

문장력 기르기 낱말을 사용해 나만의 문장을 만들어 봐요.

055

훑어보다

공부한 날 월 일

음원 듣고 따라 말하기

그러고는 방 안의 낡고 오래된 물건들을
하나씩 하나씩 훑어봐.

뜻 처음부터 끝까지 살피다.

어휘력 기르기 이럴 때 사용해요.

보물을 찾으려고 숲을 샅샅이 훑어보았다.

도깨비는 나를 아래위로 훑어보더니 말을 건넸어.

문장 읽고 따라 쓰기 낱말의 뜻을 생각하며 문장을 바르게 따라 써 봐요.

그러고는 방 안의 낡고 ∨
오래된 물건들을 하나씩 ∨
하나씩 훑어봐.

문장력 기르기 낱말을 사용해 나만의 문장을 만들어 봐요.

056

힐끗거리다

공부한 날 월 일

음원 듣고 따라 말하기

선생님은 몇 번 <u>힐끗거리더니</u> 더 이상 내 쪽을 보는 것 같지 않았다.

뜻 가볍게 자꾸 슬쩍슬쩍 흘겨보다.

어휘력 기르기 이럴 때 사용해요.

아이들은 고개 숙인 채 새 담임 선생님을 <u>힐끗거렸어</u>.

사람들은 길거리에 등장한 산타 할아버지를 <u>힐끗거렸습니다</u>.

문장 읽고 따라 쓰기 낱말의 뜻을 생각하며 문장을 바르게 따라 써 봐요.

선	생	님	은		몇		번		힐	끗	거
리	더	니		더		이	상		내		쪽
을		보	는		것		같	지		않	았
다	.										

문장력 기르기 낱말을 사용해 나만의 문장을 만들어 봐요.

057 스스럼없다

공부한 날 월 일

음원 듣고 따라 말하기

둘은 어릴 때처럼 스스럼없이 붙어 다녔다.

뜻 조심스럽거나 부끄러운 마음이 없다.

어휘력 기르기 이럴 때 사용해요.

다인이는 전학 온 내게 스스럼없이 대해 준 친구였어.

기용이는 장기자랑을 하겠다고 스스럼없이 손을 들었습니다.

문장 읽고 따라 쓰기 낱말의 뜻을 생각하며 문장을 바르게 따라 써 봐요.

둘은 어릴 때처럼 스스럼없이 붙어 다녔다.

문장력 기르기 낱말을 사용해 나만의 문장을 만들어 봐요.

058

어르다

공부한 날 월 일

음원 듣고 따라 말하기

나는 윈딕시를 꼭 안고 달래 주고 속삭여 주고 아기를 어르듯 흔들어 주었다.

뜻 달래거나 편안하게 해 주다.

어휘력 기르기 이럴 때 사용해요.

아무리 어르고 달래도 학교에 가지 않겠다지 뭐야.

몽실이는 우는 아기를 어르며 마당을 서성였습니다.

문장 읽고 따라 쓰기 낱말의 뜻을 생각하며 문장을 바르게 따라 써 봐요.

나는 윈딕시를 꼭 안고 ∨
달래 주고 속삭여 주고 ∨
아기를 어르듯 흔들어
주었다.

문장력 기르기 낱말을 사용해 나만의 문장을 만들어 봐요.

059

무작정

공부한 날 월 일

음원 듣고 따라 말하기

할 수만 있다면 무작정 도망가고 싶었다.

뜻 미리 정한 것 없이.

어휘력 기르기 이럴 때 사용해요.

준비도 없이 무작정 배를 타면 어떡하니?

나는 등교하다 말고 무작정 오락실로 향했다.

문장 읽고 따라 쓰기 낱말의 뜻을 생각하며 문장을 바르게 따라 써 봐요.

할		수	만		있	다	면		무	작	정
도	망	가	고		싶	었	다	.			

V

문장력 기르기 낱말을 사용해 나만의 문장을 만들어 봐요.

060

서성거리다

공부한 날 월 일

음원 듣고 따라 말하기

나는 운동장에서 서성거리고 있었다.

뜻 자꾸 주위를 왔다 갔다 하다.

어휘력 기르기 이럴 때 사용해요.

할아버지는 생각에 잠긴 듯 감나무 아래서 서성거렸어.

나는 한참을 서성거리다 문을 두드렸습니다.

문장 읽고 따라 쓰기 낱말의 뜻을 생각하며 문장을 바르게 따라 써 봐요.

나	는		운	동	장	에	서		서	성	거
리	고		있	었	다	.					

문장력 기르기 낱말을 사용해 나만의 문장을 만들어 봐요.

061 섬뜩하다

공부한 날 월 일

음원 듣고 따라 말하기

놈의 눈은 섬뜩할 정도로 번들거렸다.

뜻 소름이 끼치도록 무섭고 끔찍하다.

어휘력 기르기 이럴 때 사용해요.

빈집에 누가 있을지도 모른다고 생각하니 섬뜩했어.

공포 영화의 한 장면처럼 섬뜩한 기억이었습니다.

문장 읽고 따라 쓰기 낱말의 뜻을 생각하며 문장을 바르게 따라 써 봐요.

놈의 눈은 섬뜩할 정도로 번들거렸다.

문장력 기르기 낱말을 사용해 나만의 문장을 만들어 봐요.

062

안절부절못하다

공부한 날 월 일

음원 듣고 따라 말하기

불안한지 민트도 나처럼 안절부절못하고 끙끙댔다.

㉺ 마음이 초조하고 불안하여 어찌할 바를 모르다.

어휘력 기르기 이럴 때 사용해요.

아현이는 배가 가라앉을까 봐 안절부절못했어.

발표 순서가 다가오자 떨려서 안절부절못했습니다.

문장 읽고 따라 쓰기 낱말의 뜻을 생각하며 문장을 바르게 따라 써 봐요.

불안한지 민트도 나처럼∨

안절부절못하고 끙끙댔다.

문장력 기르기 낱말을 사용해 나만의 문장을 만들어 봐요.

063

순전히

공부한 날 월 일

음원 듣고 따라 말하기

경수가 나를 건드리는 건 **순전히** 오해 때문이라는 것.

뜻 순수하고 완전하게.

어휘력 기르기 이럴 때 사용해요.

그건 **순전히** 네 생각일 뿐이잖아!

애써 피운 모닥불이 꺼진 건 **순전히** 바람 때문이었다.

문장 읽고 따라 쓰기 낱말의 뜻을 생각하며 문장을 바르게 따라 써 봐요.

경수가 나를 건드리는 건 순전히 오해 때문이라는 것.

문장력 기르기 낱말을 사용해 나만의 문장을 만들어 봐요.

064

시큰둥하다

공부한 날 월 일

음원 듣고 따라 말하기

그래서 그냥 시큰둥한 표정을 짓고 인사도 하는 둥 마는 둥 했지요.

㉻ 마음에 차지 않거나 못마땅하여 시들하다.

어휘력 기르기 이럴 때 사용해요.

놀이공원에 가는데도 이렇게 시큰둥하다고?

은혜는 시큰둥한 목소리로 대답했습니다.

문장 읽고 따라 쓰기 낱말의 뜻을 생각하며 문장을 바르게 따라 써 봐요.

그	래	서		그	냥		시	큰	둥	한	
표	정	을		짓	고		인	사	도		하
는		둥		마	는		둥		했	지	요.

문장력 기르기 낱말을 사용해 나만의 문장을 만들어 봐요.

어휘력 쑥쑥! 낱말 퀴즈

서로 가장 잘 어울리는 낱말들이 있어요.
짝꿍 낱말을 찾아서 신나는 사다리 타기를 해 봐요.

우는 아기를	우리 반을	주위를	시큰둥한	살살이

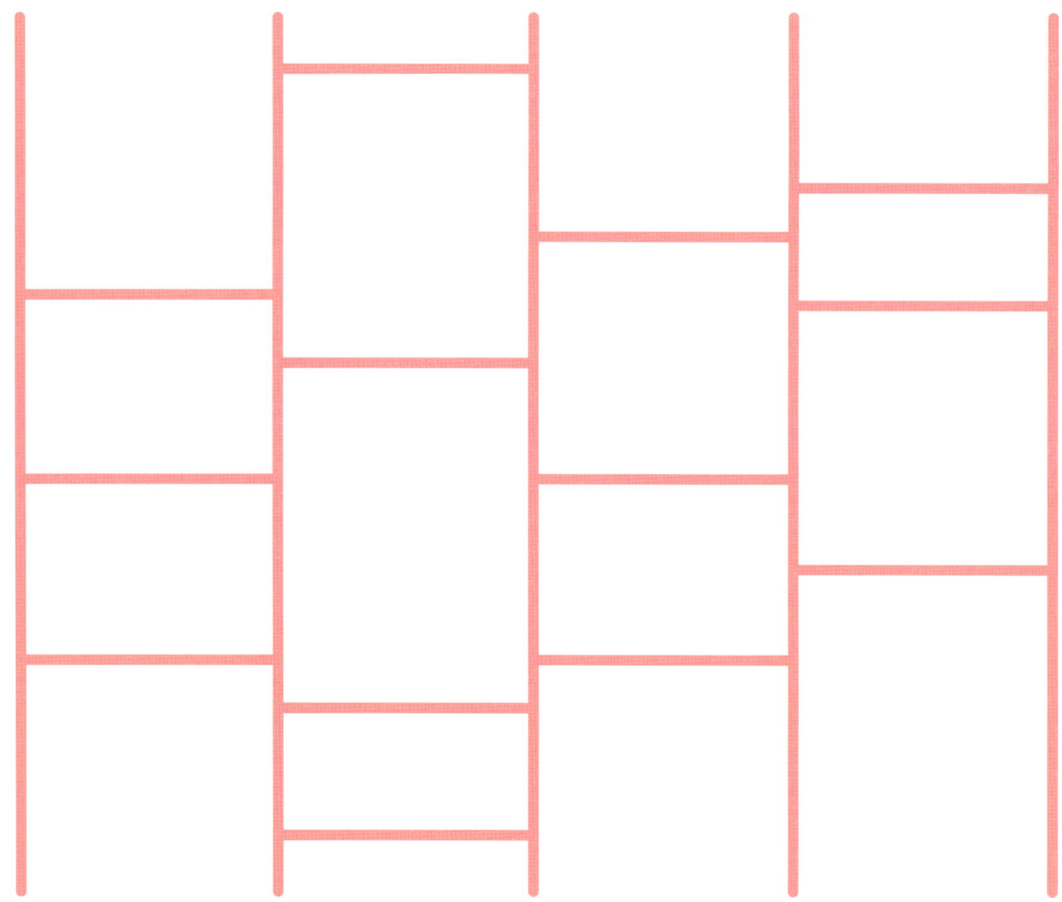

맴돌다	훑어보다	이끌다	표정	어르다

어휘력 쑥쑥! 낱말 퀴즈

비슷한 뜻을 가진 낱말들이 있어요.
아래 사탕에서 뜻이 서로 비슷한 사탕을 찾아 같은 색깔로 칠해 보세요.

- 의젓하다
- 무작정
- 안절부절못하다
- 부질없다
- 스스럼없다
- 소용없다
- 다짜고짜
- 허물없다
- 늠름하다
- 쩔쩔매다

4

새로운 일을 경험해요

·용기와 모험·

매일매일은 비슷하고 별다를 게 없어 보이지만 그렇지 않아요. 매 순간 선택할 것들이 참 많지요. 용기를 내어 발표를 해 볼지, 새로운 운동을 배워 볼지 고민하는 순간처럼요. 두려움을 딛고 용기를 가지면 비로소 새로운 모험을 떠날 수 있어요. 든든한 용기와 힘을 불어넣어 줄 모험 이야기 속에서 새로운 낱말을 알아보고, 마음 깊숙이 지녀 보세요.

065

들썩거리다

공부한 날 월 일

음원 듣고 따라 말하기

재재와 친구들은 광고지를 가운데 놓고 들썩거렸다.

뜻 물건이나 마음이 자꾸 들렸다 놓였다 하며 움직이다.

어휘력 기르기 이럴 때 사용해요.

전학생이 온다는 소식에 온 교실이 들썩거렸습니다.

생일날에는 너무 신이 나서 엉덩이가 들썩거렸어.

문장 읽고 따라 쓰기 낱말의 뜻을 생각하며 문장을 바르게 따라 써 봐요.

재재와 친구들은 광고지를 가운데 놓고 들썩거렸다.

문장력 기르기 낱말을 사용해 나만의 문장을 만들어 봐요.

066

빼기다

공부한 날 월 일

음원 듣고 따라 말하기

마틸다는 자신의 비범함을 겉으로 드러내지 않았으며 결코 **빼기는** 법이 없었다.

뜻 얄미울 정도로 우쭐거리며 자랑하다.

어휘력 기르기 이럴 때 사용해요.

가위바위보에 이겼다고 그렇게 **빼길** 일이니?

진정한 천재는 결코 잘났다고 **빼기지** 않아.

문장 읽고 따라 쓰기 낱말의 뜻을 생각하며 문장을 바르게 따라 써 봐요.

마	틸	다	는		자	신	의		비	범	함
을		겉	으	로		드	러	내	지		않
았	으	며		결	코		빼	기	는		법
이		없	었	다	.						

문장력 기르기 낱말을 사용해 나만의 문장을 만들어 봐요.

067

감격스럽다

공부한 날 월 일

음원 듣고 따라 말하기

감격스럽게도 진짜 자유의 몸이 된 것이다!

뜻 마음속 깊이 크게 감동하다.

어휘력 기르기 이럴 때 사용해요.

현호가 병이 나아 학교로 돌아오다니 감격스러웠습니다.

나는 너무나도 감격스러워 눈물을 흘렸어.

문장 읽고 따라 쓰기 낱말의 뜻을 생각하며 문장을 바르게 따라 써 봐요.

감격스럽게도 진짜 자유의 몸이 된 것이다!

문장력 기르기 낱말을 사용해 나만의 문장을 만들어 봐요.

068

물려받다

공부한 날 월 일

음원 듣고 따라 말하기

나는 이야기를 지어내는 재능을 물려받았어.

뜻 재물, 지위, 특징 등을 전하여 얻다.

어휘력 기르기 이럴 때 사용해요.

이 가게를 네가 물려받겠느냐?

나는 엄마로부터 이 환한 미소를 물려받았습니다.

문장 읽고 따라 쓰기 낱말의 뜻을 생각하며 문장을 바르게 따라 써 봐요.

나는 이야기를 지어내는 ∨
재능을 물려받았어.

문장력 기르기 낱말을 사용해 나만의 문장을 만들어 봐요.

069

느닷없이

공부한 날 월 일

음원 듣고 따라 말하기

웡카 씨가 느닷없이 눈 위에서 펄쩍펄쩍 뛰며 우스꽝스러운 토끼 춤을 췄다.

뜻 아주 뜻밖이고 갑작스럽게.

어휘력 기르기 이럴 때 사용해요.

사이좋게 놀더니 느닷없이 싸우는 거야?

느닷없는 재채기 소리에 모두가 웃음을 터뜨렸어.

문장 읽고 따라 쓰기 낱말의 뜻을 생각하며 문장을 바르게 따라 써 봐요.

웡카 씨가 느닷없이 눈∨위에서 펄쩍펄쩍 뛰며 우스꽝스러운 토끼 춤을∨췄다.

문장력 기르기 낱말을 사용해 나만의 문장을 만들어 봐요.

070

희한하다

공부한 날 월 일

음원 듣고 따라 말하기

얼굴이 백설기처럼 희고 희한하게도 눈동자가 파랬다.

뜻 매우 드물거나 신기하다.

어휘력 기르기 이럴 때 사용해요.

이 희한하게 생긴 물건은 대체 무엇인고?

어젯밤에 희한하기 짝이 없는 꿈을 꾸었습니다.

문장 읽고 따라 쓰기 낱말의 뜻을 생각하며 문장을 바르게 따라 써 봐요.

얼굴이 백설기처럼 희고 ∨

희한하게도 눈동자가 파

랬다.

문장력 기르기 낱말을 사용해 나만의 문장을 만들어 봐요.

071

뒤척이다

공부한 날 월 일

음원 듣고 따라 말하기

말똥말똥 깨어 있거나 반쯤 깨어 있는 상태로 몇 시간씩 뒤척이곤 했다.

뜻 물건이나 몸을 이리저리 뒤집거나 뒤지다.

어휘력 기르기 이럴 때 사용해요.

할머니는 걱정스런 마음에 밤새도록 뒤척였습니다.

일기장을 뒤척이다 그 사진을 발견했다.

문장 읽고 따라 쓰기 낱말의 뜻을 생각하며 문장을 바르게 따라 써 봐요.

말똥말똥 깨어 있거나 반쯤 깨어 있는 상태로 ∨
몇 시간씩 뒤척이곤 했다.

문장력 기르기 낱말을 사용해 나만의 문장을 만들어 봐요.

072

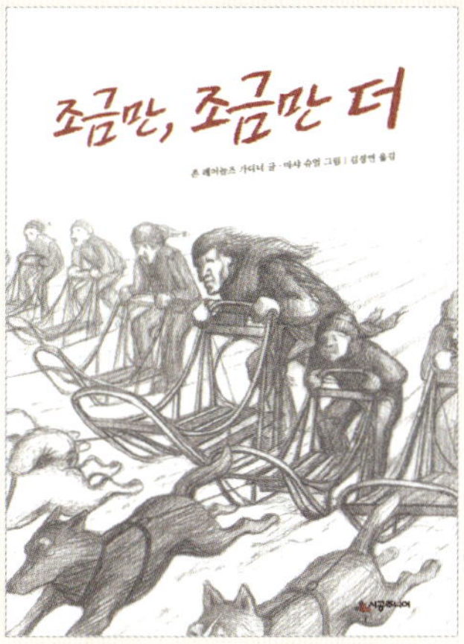

뽐내다

공부한 날 월 일

음원 듣고 따라 말하기

개들은 머리를 꼿꼿이 쳐들고 보조를 맞추어 **뽐내듯이** 걸어왔다.

뜻 보란 듯이 자랑하며 우쭐거리다.

어휘력 기르기 이럴 때 사용해요.

동물들은 모두 자기가 최고라고 **뽐내기** 시작했어.

뽐내는 것도 좋지만 겸손할 줄 알아야 해.

문장 읽고 따라 쓰기 낱말의 뜻을 생각하며 문장을 바르게 따라 써 봐요.

개들은 머리를 꼿꼿이

쳐들고 보조를 맞추어

뽐내듯이 걸어왔다.

문장력 기르기 낱말을 사용해 나만의 문장을 만들어 봐요.

073

꿰다

공부한 날 월 일

음원 듣고 따라 말하기

우리는 선수들 한 사람 한 사람에 대해 훤히 꿰고 있었다.

뜻 어떤 일이나 사정을 자세히 알다.

어휘력 기르기 이럴 때 사용해요.

동주는 묵찌빠를 이기는 방법을 훤히 꿰고 있었지.

한서는 공룡 이름을 두루 꿰고 있는 아이였습니다.

문장 읽고 따라 쓰기 낱말의 뜻을 생각하며 문장을 바르게 따라 써 봐요.

우리는 선수들 한 사람 한 사람에 대해 훤히 꿰고 있었다.

문장력 기르기 낱말을 사용해 나만의 문장을 만들어 봐요.

074

무턱대고

공부한 날 월 일

음원 듣고 따라 말하기

에밀은 생각해 볼 틈도 없이 무턱대고 달아났다.

뜻 잘 생각하거나 꼼꼼히 따져 보지 않고 마구.

어휘력 기르기 이럴 때 사용해요.

무턱대고 졸랐다가 오히려 혼날지도 몰라.

저는 계획도 없이 무턱대고 시작하지는 않아요.

문장 읽고 따라 쓰기 낱말의 뜻을 생각하며 문장을 바르게 따라 써 봐요.

에밀은 생각해 볼 틈도 V 없이 무턱대고 달아났다.

문장력 기르기 낱말을 사용해 나만의 문장을 만들어 봐요.

075

짓궂다

공부한 날 월 일

음원 듣고 따라 말하기

제임스는 자기 아빠와 엄마가 겪은 운명보다 더 짓궂은 운명을 겪게 되었다.

뜻 남을 일부러 귀찮게 하거나 심술을 부리다.

어휘력 기르기 이럴 때 사용해요.

자꾸만 짓궂은 장난을 치는 녀석이 누군지 궁금하다.

짓궂은 질문을 받은 재진이는 말문이 막혔습니다.

문장 읽고 따라 쓰기 낱말의 뜻을 생각하며 문장을 바르게 따라 써 봐요.

제	임	스	는		자	기		아	빠	와	
엄	마	가		겪	은		운	명	보	다	
더		짓	궂	은		운	명	을		겪	게
되	었	다	.								

문장력 기르기 낱말을 사용해 나만의 문장을 만들어 봐요.

076

애틋하다

공부한 날 월 일

음원 듣고 따라 말하기

그렇지만 기계에 대한 헥터 아저씨의 애틋한 마음은 알겠더라.

뜻 애가 타는 듯이 깊고 절실하다.

어휘력 기르기 이럴 때 사용해요.

둘의 우정은 정말이지 애틋해 보였어.

떠나간 동생을 떠올리면 애틋한 그리움이 피어올랐다.

문장 읽고 따라 쓰기 낱말의 뜻을 생각하며 문장을 바르게 따라 써 봐요.

그렇지만 기계에 대한 헥터 아저씨의 애틋한 마음은 알겠더라.

문장력 기르기 낱말을 사용해 나만의 문장을 만들어 봐요.

077

흠칫

공부한 날 월 일

음원 듣고 따라 말하기

로냐는 흠칫 놀랐다.

뜻 몸을 움츠리며 갑작스럽게 놀라는 모양.

어휘력 기르기 이럴 때 사용해요.

보미는 사탕을 집으려다 흠칫 놀랐습니다.

늑대의 매서운 눈초리에 흠칫 뒤로 물러섰다.

문장 읽고 따라 쓰기 낱말의 뜻을 생각하며 문장을 바르게 따라 써 봐요.

로 냐 는 흠 칫 놀 랐 다 .

문장력 기르기 낱말을 사용해 나만의 문장을 만들어 봐요.

078

고스란히

공부한 날 월 일

음원 듣고 따라 말하기

경찰들은 도둑맞은 돈을 고스란히 되찾았어요.

뜻 건드리지 않아 그대로인 상태로.

어휘력 기르기 이럴 때 사용해요.

잃어버린 줄로만 알았던 구슬이 주머니 속에 고스란히 들어 있었어.

용돈을 모아 고스란히 어버이날 선물 사는 데 썼다.

문장 읽고 따라 쓰기 낱말의 뜻을 생각하며 문장을 바르게 따라 써 봐요.

경찰들은 도둑맞은 돈을 ∨
고스란히 되찾았어요.

문장력 기르기 낱말을 사용해 나만의 문장을 만들어 봐요.

079

북받치다

공부한 날 월 일

음원 듣고 따라 말하기

터커가 입을 열었는데, 감정이 북받쳐 올라 목이 메었다.

뜻 감정이나 힘이 속에서 치밀어 오르다.

어휘력 기르기 이럴 때 사용해요.

잊고 있었던 서러움이 북받쳐 올라 펑펑 울었어.

현태는 화가 북받쳐 오르는지 얼굴이 새빨개졌다.

문장 읽고 따라 쓰기 낱말의 뜻을 생각하며 문장을 바르게 따라 써 봐요.

터커가 입을 열었는데, 감정이 북받쳐 올라 목이 메었다.

문장력 기르기 낱말을 사용해 나만의 문장을 만들어 봐요.

080

조잘대다

공부한 날 월 일

음원 듣고 따라 말하기

삐삐는 여전히 물구나무서기를 한 채 조잘댔다.

뜻 조금 낮은 목소리로 수다스럽게 자꾸 말하다.

어휘력 기르기 이럴 때 사용해요.

어린이들이 산타 할아버지에게 저마다 조잘댔어.

소풍 가는 날 버스 안은 학생들의 조잘대는 소리로 가득합니다.

문장 읽고 따라 쓰기 낱말의 뜻을 생각하며 문장을 바르게 따라 써 봐요.

삐	삐	는		여	전	히		물	구	나	무
서	기	를		한		채		조	잘	댔	다.

문장력 기르기 낱말을 사용해 나만의 문장을 만들어 봐요.

어휘력 쑥쑥! 낱말 퀴즈

문장에 알맞은 낱말을 골라 동그라미로 표시하고,
빈칸을 채워 문장을 완성해 보세요.

❶ 공작새는 화려한 깃털을 한껏 뽐냈다.

해냈 : 뽐냈

❷ 잃어버렸던 돈을 □□□□ 되찾았다고?

고스란히 : 가지런히

❸ 갑자기 서러움이 □□□ 올라 펑펑 울었습니다.

북돋워 : 북받쳐

❹ 달리기 경주에 이길 방법이라면 내가 훤히 □□ 있지.

꿰고 : 채고

❺ 누군가의 발걸음 소리에 수민이는 □□ 놀랐어.

자칫 : 흠칫

어휘력 쑥쑥! 낱말 퀴즈

표지판의 뜻을 읽고, 알맞은 낱말을 찾아가며 미로를 풀어 보세요.

5

마음껏 상상해요

·상상력과 웃음·

여러분은 종종 엉뚱한 생각을 하기도 하나요? 여러분 머릿속을 떠도는 엉뚱한 생각 조각들은 상상력이라는 날개를 달고 근사한 이야기가 될 수 있어요. 그러니까 절대로 하찮게 생각하지 마세요. 위대한 작가들의 근사한 이야기도 이런 상상 속에서 시작되곤 한답니다. 상상력 넘치고 웃음 가득한 이야기 속에서 색다른 낱말을 배우고 아름다운 문장을 만나 보세요.

081 꿈틀대다

공부한 날 월 일

음원 듣고 따라 말하기

나는 사내아이의 눈에서 희망이 꿈틀대는 것을 볼 수 있었다.

뜻 뒤틀거나 구부리며 조금씩 움직이다.

어휘력 기르기 이럴 때 사용해요.

의심하는 마음이 꿈틀대며 불쑥 올라왔습니다.

애벌레는 알에서 깨자마자 꿈틀대며 기어갔어.

문장 읽고 따라 쓰기 낱말의 뜻을 생각하며 문장을 바르게 따라 써 봐요.

나는 사내아이의 눈에서 ∨
희망이 꿈틀대는 것을
볼 수 있었다.

문장력 기르기 낱말을 사용해 나만의 문장을 만들어 봐요.

082

벅차오르다

공부한 날 월 일

음원 듣고 따라 말하기

안락한 의자에 앉아 차를 마시고 있자니
호피 씨는 가슴이 벅차올랐다.

뜻 기쁘거나 감격하여 뿌듯해지다.

어휘력 기르기 이럴 때 사용해요.

가슴이 벅차올라 저절로 눈물이 줄줄 흘렀습니다.

한라산 꼭대기에 오르는 건 가슴이 벅차오르는 일이었다.

문장 읽고 따라 쓰기 낱말의 뜻을 생각하며 문장을 바르게 따라 써 봐요.

안락한 의자에 앉아 차를 마시고 있자니 호피 씨는 가슴이 벅차올랐다.

문장력 기르기 낱말을 사용해 나만의 문장을 만들어 봐요.

083

거침없다

공부한 날 월 일

음원 듣고 따라 말하기

애벌레가 삽날 위로 **거침없이** 올라왔다.

뜻 일이나 행동이 중간에 걸리거나 막힘이 없다.

어휘력 기르기 이럴 때 사용해요.

비바람이 몰아쳐도 태훈이는 **거침없이** 걸어 나갔어.

나는 반장의 **거침없고** 용감한 행동에 홀딱 반했다.

문장 읽고 따라 쓰기 낱말의 뜻을 생각하며 문장을 바르게 따라 써 봐요.

애	벌	레	가		삽	날		위	로		거
침	없	이		올	라	왔	다	.			

문장력 기르기 낱말을 사용해 나만의 문장을 만들어 봐요.

084 틀어박히다

공부한 날 월 일

음원 듣고 따라 말하기

쉬는 시간에는 운동장 구석에 틀어박혀서
책을 읽었어요.

뜻 밖에 나가지 않고 한곳에 머물러 있다.

어휘력 기르기 이럴 때 사용해요.

할머니가 오셨는데 방에만 틀어박혀서 뭐 하니?

호랑이와 곰은 백 일 동안 동굴에 틀어박혀야 했어요.

문장 읽고 따라 쓰기 낱말의 뜻을 생각하며 문장을 바르게 따라 써 봐요.

쉬	는		시	간	에	는		운	동	장	
구	석	에		틀	어	박	혀	서		책	을 ∨
읽	었	어	요	.							

문장력 기르기 낱말을 사용해 나만의 문장을 만들어 봐요.

085

터무니없다

공부한 날 월 일

음원 듣고 따라 말하기

워낙 터무니없고, 얼토당토않은
이야기였으니까요.

뜻 그럴 듯한 근거가 없어 믿기 어렵다.

어휘력 기르기 이럴 때 사용해요.

신문에는 종종 터무니없는 기사가 나기도 한다.

마을에 떠도는 소문들은 모두 터무니없습니다.

문장 읽고 따라 쓰기 낱말의 뜻을 생각하며 문장을 바르게 따라 써 봐요.

워낙 터무니없고, 얼토당토않은 이야기였으니까요.

문장력 기르기 낱말을 사용해 나만의 문장을 만들어 봐요.

086

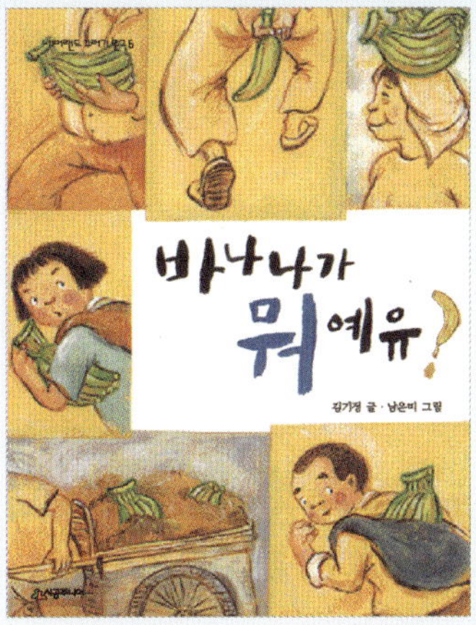

섣불리

공부한 날 월 일

음원 듣고 따라 말하기

아무도 섣불리 건드리려고 하지 않았어요.

뜻 솜씨 없고 어설프게.

어휘력 기르기 이럴 때 사용해요.

섣불리 야생 동물을 쓰다듬었다가는 위험해질 수 있어.

사방이 콱 막혀 있어 섣불리 도망갈 수도 없었습니다.

문장 읽고 따라 쓰기 낱말의 뜻을 생각하며 문장을 바르게 따라 써 봐요.

아	무	도		섣	불	리		건	드	리	려
고		하	지		않	았	어	요	.		

문장력 기르기 낱말을 사용해 나만의 문장을 만들어 봐요.

087

허물다

공부한 날 월 일

음원 듣고 따라 말하기

이 고쳐 선생은 벽을 조금 허물어서 동물이 층계를 올라오기 쉽도록 했습니다.

뜻 쌓이거나 지어져 있는 것을 헐어서 무너뜨리다.

어휘력 기르기 이럴 때 사용해요.

내가 만든 모래성을 준수가 허물어 버렸어.

낡은 초가집을 허물고 새로 짓는 게 어떨까요?

문장 읽고 따라 쓰기 낱말의 뜻을 생각하며 문장을 바르게 따라 써 봐요.

이		고	쳐		선	생	은		벽	을	
조	금		허	물	어	서		동	물	이	
층	계	를		올	라	오	기		쉽	도	록 ∨
했	습	니	다	.							

문장력 기르기 낱말을 사용해 나만의 문장을 만들어 봐요.

088

흡잡다

공부한 날 월 일

음원 듣고 따라 말하기

로지는 작지만 흠잡을 데 없는 괴물이었습니다.

뜻 사람이나 물건에서 나무랄 점을 찾아내다.

어휘력 기르기 이럴 때 사용해요.

흠잡을 데 없이 아름다운 도자기였어.

다른 사람들 흠잡을 궁리만 하는 거니?

문장 읽고 따라 쓰기 낱말의 뜻을 생각하며 문장을 바르게 따라 써 봐요.

로 지 는 작 지 만 흠 잡 을

데 없 는 괴 물 이 었 습 니 다 .

문장력 기르기 낱말을 사용해 나만의 문장을 만들어 봐요.

089 신중하다

공부한 날 월 일

음원 듣고 따라 말하기

그런 무례한 말을 하기 전엔 반드시 신중하게 한 번 더 생각하세요.

뜻 매우 조심스럽다.

어휘력 기르기 이럴 때 사용해요.

돌다리도 두들겨 보고 건널 정도로 신중해야지.

효주는 무척 신중해서 실수하는 법이 없었다.

문장 읽고 따라 쓰기 낱말의 뜻을 생각하며 문장을 바르게 따라 써 봐요.

그런 무례한 말을 하기 전엔 반드시 신중하게 한 번 더 생각하세요.

문장력 기르기 낱말을 사용해 나만의 문장을 만들어 봐요.

090

몹쓸

공부한 날 월 일

음원 듣고 따라 말하기

괜스레 주먹질을 해 대는 몹쓸 버릇을 가진 애들 말이야.

뜻 몹시 나쁘고 고약한.

어휘력 기르기 이럴 때 사용해요.

몹쓸 전염병이 돌아 마을 사람들이 목숨을 잃었다.

은혜를 원수로 갚는 것은 아주 몹쓸 짓이야.

문장 읽고 따라 쓰기 낱말의 뜻을 생각하며 문장을 바르게 따라 써 봐요.

괜스레 주먹질을 해 대는 몹쓸 버릇을 가진 애들 말이야.

문장력 기르기 낱말을 사용해 나만의 문장을 만들어 봐요.

091

연거푸

공부한 날 월 일

음원 듣고 따라 말하기

나는 고맙다고 **연거푸** 인사하며 아저씨한테 윤활유 통을 돌려줬어요.

뜻 잇따라 여러 번 되풀이하여.

어휘력 기르기 이럴 때 사용해요.

우리나라 축구팀이 **연거푸** 승리를 거뒀어.

서진이는 지루한지 **연거푸** 하품을 했습니다.

문장 읽고 따라 쓰기 낱말의 뜻을 생각하며 문장을 바르게 따라 써 봐요.

나는 고맙다고 연거푸 인사하며 아저씨한테 윤활유 통을 돌려줬어요.

문장력 기르기 낱말을 사용해 나만의 문장을 만들어 봐요.

092

무릅쓰다

공부한 날 월 일

음원 듣고 따라 말하기

기어코 위험을 무릅쓰겠다면, 내가 상관할 바 아니지.

뜻 힘들고 어려운 일을 참고 견디다.

어휘력 기르기 이럴 때 사용해요.

세호는 부끄러움을 무릅쓰고 입을 뗐어.

모두의 반대를 무릅쓰고 다친 고양이를 구했습니다.

문장 읽고 따라 쓰기 낱말의 뜻을 생각하며 문장을 바르게 따라 써 봐요.

기어코 위험을 무릅쓰겠다면, 내가 상관할 바 아니지.

문장력 기르기 낱말을 사용해 나만의 문장을 만들어 봐요.

093

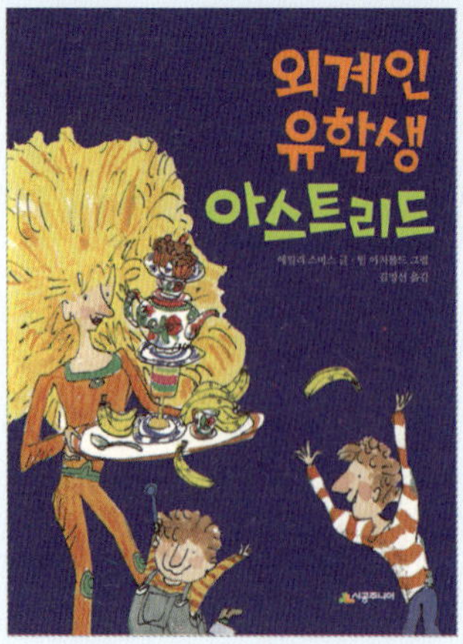

부릅뜨다

공부한 날 월 일

음원 듣고 따라 말하기

아스트리드도 눈을 부릅뜨고 물러서지 않았다.

뜻 눈을 무섭고 사나울 정도로 크게 뜨다.

어휘력 기르기 이럴 때 사용해요.

지철이는 눈을 부릅뜨고 고함을 질렀습니다.

사자는 험상궂게 눈을 부릅떴다.

문장 읽고 따라 쓰기 낱말의 뜻을 생각하며 문장을 바르게 따라 써 봐요.

문장력 기르기 낱말을 사용해 나만의 문장을 만들어 봐요.

094 천연덕스럽다

공부한 날 월 일

음원 듣고 따라 말하기

선꼬거는 머리를 문지르며 천연덕스럽게 물었다.

뜻 시치미를 떼어 겉으로 아무렇지 않은 척하다.

어휘력 기르기 이럴 때 사용해요.

생쥐가 천연덕스럽게 거짓말을 하는 거예요.

도둑이 어찌나 천연덕스러운 얼굴을 하고 있던지!

문장 읽고 따라 쓰기 낱말의 뜻을 생각하며 문장을 바르게 따라 써 봐요.

선	꼬	거	는		머	리	를		문	지	르
며		천	연	덕	스	럽	게		물	었	다.

문장력 기르기 낱말을 사용해 나만의 문장을 만들어 봐요.

095

포개다

공부한 날 월 일

음원 듣고 따라 말하기

투닉스 왕은 양손을 포개어 뚱뚱한 배 위에 올려놓았다.

뜻 놓인 것 위에 겹쳐서 놓다.

어휘력 기르기 이럴 때 사용해요.

납작하게 접어 포갠 상자 더미가 보였습니다.

담요를 여러 장 포개어 덮으면 따뜻할 거야.

문장 읽고 따라 쓰기 낱말의 뜻을 생각하며 문장을 바르게 따라 써 봐요.

투	닉	스		왕	은		양	손	을		포
개	어		뚱	뚱	한		배		위	에	
올	려	놓	았	다	.						

문장력 기르기 낱말을 사용해 나만의 문장을 만들어 봐요.

096

성가시다

공부한 날 월 일

음원 듣고 따라 말하기

성가신 참견에 대꾸까지 하려니 입 언저리가 파르르 떨렸다.

뜻 들볶거나 번거롭게 하여 괴롭고 귀찮다.

어휘력 기르기 이럴 때 사용해요.

똑같은 걸 자꾸 물으니 성가셔 죽겠어.

모기 서너 마리가 성가시게 달라붙었습니다.

문장 읽고 따라 쓰기 낱말의 뜻을 생각하며 문장을 바르게 따라 써 봐요.

성가신 참견에 대꾸까지 ∨
하려니 입 언저리가 파
르르 떨렸다.

문장력 기르기 낱말을 사용해 나만의 문장을 만들어 봐요.

097 통틀어

공부한 날 월 일

음원 듣고 따라 말하기

이 나라를 **통틀어도** 딸랑딸랑 나무숲이 있는 곳은 여기뿐이다!

뜻 있는 대로 모두 합하여.

어휘력 기르기 이럴 때 사용해요.

학교를 **통틀어** 태평이보다 잘 달리는 아이는 없었다.

이 마을을 **통틀어** 가게라고는 딱 하나뿐이었어.

문장 읽고 따라 쓰기 낱말의 뜻을 생각하며 문장을 바르게 따라 써 봐요.

이 나라를 통틀어도 딸
랑딸랑 나무숲이 있는
곳은 여기뿐이다!

문장력 기르기 낱말을 사용해 나만의 문장을 만들어 봐요.

098 감돌다

공부한 날 월 일

음원 듣고 따라 말하기

아리에티의 얼굴에는 비밀스러운 표정이 감돌았다.

뜻 기운이나 냄새, 감정 등이 가득 차서 떠돌다.

어휘력 기르기 이럴 때 사용해요.

그 숲에는 신비스러운 기운이 감돌고 있었습니다.

둥둥 북소리가 울리자 벌판에 긴장감이 감돌았다.

문장 읽고 따라 쓰기 낱말의 뜻을 생각하며 문장을 바르게 따라 써 봐요.

아리에티의 얼굴에는 비밀스러운 표정이 감돌았다.

문장력 기르기 낱말을 사용해 나만의 문장을 만들어 봐요.

099 텁수룩하다

공부한 날 월 일

음원 듣고 따라 말하기

멍청 씨는 이렇게 텁수룩하니 수염을 기르고 다니는 사람이었다.

뜻 수염이나 머리털이 많이 나서 어수선하다.

어휘력 기르기 이럴 때 사용해요.

텁수룩한 머리를 다듬으면 말끔해 보일 텐데.

털이 텁수룩해도 네 강아지는 귀엽기만 하더라.

문장 읽고 따라 쓰기 낱말의 뜻을 생각하며 문장을 바르게 따라 써 봐요.

멍	청		씨	는		이	렇	게		텁	수
룩	하	니		수	염	을		기	르	고	
다	니	는		사	람	이	었	다	.		

문장력 기르기 낱말을 사용해 나만의 문장을 만들어 봐요.

100

가시다

공부한 날 월 일

음원 듣고 따라 말하기

그만하면 배고픔은 가셨을 거야.

뜻 어떤 상태가 없어지거나 달라지다.

어휘력 기르기 이럴 때 사용해요.

엄마에게 혼났더니 놀러 가고 싶은 마음이 싹 가셨다.

시간이 지났지만 통증은 가시지 않았다.

문장 읽고 따라 쓰기 낱말의 뜻을 생각하며 문장을 바르게 따라 써 봐요.

그만하면 배고픔은 가셨을 거야.

문장력 기르기 낱말을 사용해 나만의 문장을 만들어 봐요.

어휘력 쑥쑥! 낱말 퀴즈

그림과 어울리는 낱말을 골라 동그라미로 표시해 보세요.

①	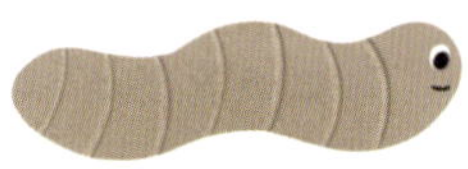	뒤틀리다	꿈틀대다
②		허물다	아물다
③		부릅뜨다	거듭하다
④		뭉개다	포개다
⑤		텁수룩하다	더부룩하다

어휘력 쑥쑥! 낱말 퀴즈

초성 힌트를 보고 빈칸에 들어갈 낱말을 바르게 써 보세요.

❶ ㅌㅁㄴ — 그 이야기는 정말 엉뚱하고 [터][무][니] 없어.

❷ ㅁㄹㅆ — 지호는 수줍음을 [ ][ ][ ] 고 용기를 냈다.

❸ ㅇㄱㅍ — 가위바위보를 [ ][ ][ ] 지기만 하니까 무척 화가 났습니다.

❹ ㅎㅈㅇ — [ ][ ][ ] 데 없이 완벽한 학생이로구나.

❺ ㅌㅇㅂㅎ — 방에만 [ ][ ][ ][ ] 지 말고 나가서 놀자.

낱말 퀴즈 정답

1 마음을 주고받아요

보기: 잦아들었 / 흐뭇해했 / 쓰라렸 / 북돋워 / 흐느껴 / 추켜세웠

❶ 거세게 불던 바람이 점점 잦아들었다.

❷ 사람들은 금메달을 딴 선수를 영웅으로 추켜세웠습니다.

❸ 지친 아이들에게 용기를 북돋워 주고 싶었다.

❹ 다친 상처가 몹시 쓰라렸다.

❺ 엄마는 슬퍼하면서 흐느껴 울었다.

❻ 할머니가 예쁜 꽃을 보며 흐뭇해했다.

보기: 아랑곳하다 / 머쓱하다 / 하염없이 / 앗다 / 애처롭다 / 부추기다 / 도무지

당	도	강	방	더	리	름	물
아	계	무	물	연	탁	하	기
랑	시	신	지	애	지	어	머
곳	구	비	평	개	처	행	쓱
하	염	없	이	면	영	롭	하
다	달	장	보	군	자	근	다
류	자	우	바	앗	필	가	통
금	부	추	기	다	인	치	발

2 나를 믿고 성장해요

말씀을 — 되새기다

잔치를 — 베풀다

간신히 — 참다

마음이 — 들뜨다

고개를 — 갸웃거리다

❶ 며칠 사이에 해쓱하게 여위었구나!
여위었 / 여의었

❷ 주머니 속에 든 것은 고작 동전 하나뿐이었어.
한참 / 고작

❸ 더 이상 머뭇거리지 말고 당장 일어나렴.
머뭇거리지 / 두근거리지

❹ 다시는 볼 수 없다고 생각하니 무척 서러웠어요.
더러웠어 / 서러웠어

❺ 내 앞에서 귓속말로 쑥덕거리지 말아 줘.
흘깃거리지 / 쑥덕거리지

3 우리 함께 살아가요

우는 아기를 / 우리 반을 / 주위를 / 시큰둥한 / 살살이

맴돌다 / 훑어보다 / 이끌다 / 표정 / 어르다

의젓하다 / 무작정 / 안절부절못하다 / 부질없다 / 스스럼없다 / 소용없다 / 다짜고짜 / 허물없다 / 쩔쩔매다 / 늠름하다

4 새로운 일을 경험해요

1. 공작새는 화려한 깃털을 한껏 뽐냈다.
   해냈 / 뽐냈
2. 잃어버렸던 돈을 고스란히 되찾았다고?
   고스란히 / 가지런히
3. 갑자기 서러움이 북받쳐 올라 펑펑 울었습니다.
   북돋워 / 북받쳐
4. 달리기 경주에 이길 방법이라면 내가 훤히 꿰고 있지.
   꿰고 / 채고
5. 누군가의 발걸음 소리에 수민이는 흠칫 놀랐어.
   자칫 / 흠칫

5 마음껏 상상해요

1. 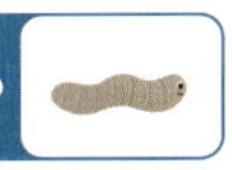 뒤틀리다 / 꿈틀대다
2.  허물다 / 아물다
3.  부릅뜨다 / 거듭하다
4.  뭉개다 / 포개다
5.  텁수룩하다 / 더부룩하다

1. ㅌㅁㄴ — 그 이야기는 정말 엉뚱하고 터무니없어.
2. ㅁㄹㅆ — 지호는 수줍음을 무릅쓰고 용기를 냈다.
3. ㅇㄱㅍ — 가위바위보를 연거푸 지기만 하니까 무척 화가 났습니다.
4. ㅎㅈㅇ — 흠잡을 데 없이 완벽한 학생이로구나.
5. ㅌㅇㅂㅎ — 방에만 틀어박히지 말고 나가서 놀자.

동화책 목록

051 욕 전쟁 서석영, 이시정

052 하늘을 나는 교실 에리히 캐스트너, 발터 트리어

053 고래를 그리는 아이 윤수천, 이승현

054 받아쓰기 백 점 대작전 정연철, 송효정

055 별이 뜨는 꽃담 유타루, 김효은

056 기타 등등 동아리를 신청합니다 류재향, 모예진

057 게임 파티 최은영, 서현

058 내 친구 윈딕시 케이트 디카밀로, 송재호

059 재판을 신청합니다 이명랑, 이강훈

060 그 여자가 날 데려갔어 구두룬 멥스, 이자벨 핀

061 잡을 테면 잡아 봐 원유순, 윤봉선

062 검정개 무스고 다비드 시리시, 에스터 부르게뇨

063 일기 감추는 날 황선미, 조미자

064 도마 이발소의 생선들 박상률, 이유진

065 읽거나 말거나 마음대로 도서관 김유, 소윤경

066 마틸다 로알드 달, 퀸틴 블레이크

067 라스무스와 방랑자 아스트리드 린드그렌, 호르스트 렘케

068 놀라운 모리스와 똑똑한 쥐 일당 테리 프래쳇, 데이비드 와이엇

069 찰리와 초콜릿 공장 로알드 달, 퀸틴 블레이크

070 복을 그리는 아이 한현정, 이로우

071 한밤중 톰의 정원에서 필리퍼 피어스, 수잔 아인칙

072 조금만, 조금만 더 존 레이놀즈 가디너, 마샤 슈얼

073 출동! 반바지 부대 초란 드르벵카, 올레 쾨네케

074 에밀과 탐정들 에리히 캐스트너, 발터 트리어

075 제임스와 슈퍼 복숭아 로알드 달, 퀸틴 블레이크

076 치약으로 백만장자되기 진 메릴, 잔 파머

077 산적의 딸 로냐 아스트리드 린드그렌, 일론 비클란드

078 고양이 택시 난부 가즈야, 사토 아야

079 뉴욕에 간 귀뚜라미 체스터 조지 셀던 톰프슨, 가스 윌리엄즈

080 내 이름은 삐삐 롱스타킹 아스트리드 린드그렌, 잉리드 방 니만

081 로봇 엄마 에밀리 스미스, 조지 버켓

082 아북거, 아북거 로알드 달, 퀸틴 블레이크

083 애벌레의 복수 이상권, 김유대

084 책이 제일 좋아! 클레르 그라시아스, 실비 세르프리

085 고얀 놈 혼내 주기 김기정, 심은숙

086 바나나가 뭐예유? 김기정, 남은미

087 이 고쳐 선생과 이빨투성이 괴물 롭 루이스

088 괴물 예절 배우기 조안나 코울, 재러드 더글라스 리

089 납작이가 된 스탠리 제프 브라운, 토미 웅게러

090 마법에 걸린 전화기 에리히 캐스트너, 발터 트리어

091 지퍼가 고장 났다! 알랭 M. 베르즈롱, 이민혜

092 우리 집 하수도에 악어가 산다 크리스티앙 레만, 베로니크 데이스

093 외계인 유학생 아스트리드 에밀리 스미스, 팀 아치볼드

094 내 친구 꼬마 거인 로알드 달, 퀸틴 블레이크

095 빈둥빈둥 투닉스 왕 미라 로베, 수지 바이겔

096 개똥도 아끼다 자린고비 일기 정해왕, 오승민

097 창문닦이 삼총사 로알드 달, 퀸틴 블레이크

098 마루 밑 바로우어즈 메리 노튼, 베스 크러시·조 크러시

099 멍청 씨 부부 이야기 로알드 달, 퀸틴 블레이크

100 투명인간이 된 스탠리 제프 브라운, 양정아

나만의 한 문장 쓰기 노트

제목	로테와 루이제	별점	☆☆☆☆☆
작가	에리히 캐스트너	읽은 날	월 일

☀ 기억에 남는 장면을 그려 봐요.

☀ 따라 쓰고 싶은 한 문장을 써 봐요.

루이제는 초콜릿을 멀리 내던졌다!

☀ 문장 속 낱말을 넣어 나만의 문장을 만들어 봐요.

민아는 장난감을 바닥에 내던졌다.

나만의 한 문장 쓰기 노트

제목 .... 별점 ☆☆☆☆☆

작가 .... 읽은 날 월 일

기억에 남는 장면을 그려 봐요.

따라 쓰고 싶은 한 문장을 써 봐요.

문장 속 낱말을 넣어 나만의 문장을 만들어 봐요.

나만의 한 문장 쓰기 노트

제목 .... 별점 ☆☆☆☆☆

작가 .... 읽은 날 .... 월 .... 일

☀ 기억에 남는 장면을 그려 봐요.

☀ 따라 쓰고 싶은 한 문장을 써 봐요.

☀ 문장 속 낱말을 넣어 나만의 문장을 만들어 봐요.

나만의 한 문장 쓰기 노트

제목 .... 별점 ☆☆☆☆☆

작가 .... 읽은 날 월 일

☀ 기억에 남는 장면을 그려 봐요.

☀ 따라 쓰고 싶은 한 문장을 써 봐요.

☀ 문장 속 낱말을 넣어 나만의 문장을 만들어 봐요.

나만의 한 문장 쓰기 노트

제목 ……………………………… 별점 ☆☆☆☆☆

작가 ……………………………… 읽은 날 월 일

☀ 기억에 남는 장면을 그려 봐요.

☀ 따라 쓰고 싶은 한 문장을 써 봐요.

☀ 문장 속 낱말을 넣어 나만의 문장을 만들어 봐요.

나만의 한 문장 쓰기 노트

제목 .... 별점 ☆☆☆☆☆

작가 .... 읽은 날 월 일

기억에 남는 장면을 그려 봐요.

따라 쓰고 싶은 한 문장을 써 봐요.

문장 속 낱말을 넣어 나만의 문장을 만들어 봐요.

나만의 한 문장 쓰기 노트

제목 별점 ☆☆☆☆☆

작가 읽은 날 월 일

기억에 남는 장면을 그려 봐요.

따라 쓰고 싶은 한 문장을 써 봐요.

문장 속 낱말을 넣어 나만의 문장을 만들어 봐요.

제목 .... 별점 ☆☆☆☆☆

작가 .... 읽은 날 월 일

☀ 기억에 남는 장면을 그려 봐요.

☀ 따라 쓰고 싶은 한 문장을 써 봐요.

☀ 문장 속 낱말을 넣어 나만의 문장을 만들어 봐요.

나만의 한 문장 쓰기 노트

제목 .... 별점 ☆☆☆☆☆

작가 .... 읽은 날 월 일

☀ 기억에 남는 장면을 그려 봐요.

☀ 따라 쓰고 싶은 한 문장을 써 봐요.

☀ 문장 속 낱말을 넣어 나만의 문장을 만들어 봐요.

제목 .... 별점 ☆ ☆ ☆ ☆ ☆

작가 .... 읽은 날 월 일

☀ 기억에 남는 장면을 그려 봐요.

☀ 따라 쓰고 싶은 한 문장을 써 봐요.

☀ 문장 속 낱말을 넣어 나만의 문장을 만들어 봐요.

동화책 한 문장 따라 쓰기 100

초판 1쇄 인쇄일 2026년 1월 10일
초판 1쇄 발행일 2026년 1월 20일

지음 김여진 **그림** 김씨씨

발행인 조윤성 **편집** 윤보영 **디자인** 정은경 **마케팅** 나진희
발행처 ㈜SIGONGSA **주소** 서울시 성동구 광나루로 172 린하우스 4층
대표전화 02-3486-6877 **팩스(주문)** 02-598-4245 **홈페이지** www.sigongsa.com / www.sigongjunior.com

ISBN 979-11-7125-892-5 73700